글로벌 리더를 꿈꾸는 10대들을 위한 리더십 이야기

친구야, 너와 나는 특별하다

고즈윈은 좋은책을 읽는 독자를 섬깁니다.
당신을 닮은 좋은책 — 고즈윈

친구야, 너와 나는 특별하다

한국리더십센터 엮음

기획 진행 | 서정희(한국코칭센터 팀장, 전문코치)

1판 1쇄 발행 | 2005. 6. 15.
1판 3쇄 발행 | 2010. 5. 3.

저작권자 ⓒ 2005 한국리더십센터
이 책의 저작권자는 위와 같습니다. 저작권자의 동의 없이
내용의 일부를 인용하거나 발췌하는 것을 금합니다.
Copyrights ⓒ 2005 by Korea Leadership Center
All rights reserved including the rights of reproduction
in whole or in part in any form. Printed in KOREA.

발행처 | 고즈윈
발행인 | 고세규
신고번호 | 제313-2004-00095호
신고일자 | 2004. 4. 21.
(121-819) 서울특별시 마포구 동교동 200-19번지 202호
전화 02)325-5676 팩시밀리 02)333-5980
본문 일러스트 임종철(011 · 9736 · 3625)

값은 표지에 있습니다.
ISBN 978-89-91319-32-7

고즈윈은 항상 책을 읽는 독자의 기쁨을 생각합니다.
고즈윈은 좋은책이 독자에게 행복을 전한다고 믿습니다.

글로벌 리더를 꿈꾸는 10대들을 위한 리더십 이야기

친구야 너와 나는 특별하다

한국리더십센터 엮음

고즈윈
God'sWin

실패하느냐 성공하느냐는
다른 사람의 문제가 아닌, 바로
나 자신의 문제다. 내가 바로 힘이다.
− 일레인 맥스웰Elaine Maxwell −

| 책을 내면서 |

꿈을 가진 청소년이 아름답습니다

　청소년 여러분, 여러분은 지금 어떤 꿈을 꾸고 어떤 목표를 세워 정진하고 있습니까? 자신의 꿈과 미래에 대해 얼마나 확신하고 노력하고 있습니까? 앞으로 여러분의 미래에는 어떤 놀랄만한 일들이 벌어질까요?

　21세기 세계는 더욱 급속도로 변화하고 있습니다. 세상은 초 단위로 움직이고 변화하면서 끊임없이 모습을 바꾸어가고 있습니다. 이제 여러분이 사회의 일꾼이 되어 세상을 마주하게 되는 시기가 오면 세상은 글로벌을 넘어서 내셔널이란 표현이 더 적절할지도 모릅니다. 세계는 이미 하나의 유기체로 변화하고 있으며 여러분은 전 세계를, 꿈을 펼칠 수 있는 무대로, 일터로, 기회로 삼아야 합니다.

　이 책은 나날이 급변하고 복잡해지는 세계 속에서 여러분들이 목표를 세우고 꿈을 이뤄 성공적인 삶을 살 수 있도록 방향을 제시합니다. 여러분의 선배이자 스승인 사회 각계의 리더 11명은 여러분의 꿈과 성공을 위해 귀중한 경험을 토대로 글로벌 리더가 갖추어야 할 역량과 성품을 들려줍니다.

나만의 꿈, 나만의 성공은 어떤 것인지, 세상의 중심에 서 있는 나는 무엇을 해야 하는지, 소중하고 특별한 친구들과 어떻게 손잡고 세상을 이끌어가야 하는지를 일러주는 따뜻한 마음이 그대로 전해집니다.

청소년 여러분, 불확실한 앞날에 대한 두려움을 떨쳐내십시오. 이 책은 여러분들이 미래에 대한 확신과 비전을 찾고 자기 인생의 주인이 될 수 있는 발판이 될 것입니다. 여러분 삶의 주인이 되어야 글로벌 리더로서 세상의 주인이 될 수 있습니다.

실패를 두려워하지 마십시오. 여러분은 어떤 그림이든 여러분 마음대로 그려도 되는 시기입니다. 그림을 잘못 그렸다고 해도 실망하거나 좌절할 필요가 없는 축복의 시기입니다. 스스로 성공을 일구어내는 주체가 되어 글로벌 리더의 꿈을 이룰 수 있도록 역량과 성품을 키우십시오. 그리고 이 책을 글로벌 리더로 성장할 수 있는 토양으로 삼으십시오.

  선배들의 소중한 가르침이 여러분 것이 될 수 있도록 마음의 문을 활짝 열어놓으시길 바랍니다. 그리고 그 문 앞에 여러분이 먼저 마중을 나가십시오. 문을 열어 마주하는 그 순간, 2020년 여러분이 꿈꾸는 미래가 눈앞에 펼쳐지게 될 것입니다. 그래서 꿈을 가진 청소년이 아름답습니다.

저자를 대표해서

문 용린

| 차례 |

책을 내면서 • 7

1부 고래의 꿈을 좇아야 바다를 얻습니다

1. 적성발견 리더십 • 14
나만의 꿈, 나만의 성공 _ 강지원

2. 재능발견 리더십 • 38
내 안에 숨어 있는 화려한 광맥을 캐내라 _ 문용린

3. 목표지향 리더십 • 62
태양열을 모으는 렌즈처럼 꿈을 향해 열정을 쏟아라 _ 이시형

4. 열정의 리더십 • 86
'하고 싶은 일'에 대한 열정은 세상에서 가장 아름다운 중독이다 _ 강석진

2부 베풀 수 없는 것은 소유할 수도 없습니다

5. 가족사랑 리더십 •110
한 걸음 다가서면 두 걸음 더 가까워지는 가족_강학중

6. 나눔의 리더십 •136
아름다운 1퍼센트의 힘_박원순

7. 부자 리더십 •160
10대여, 아름다운 부자가 되라_오연석

3부 나의 주인이 곧 세상의 주인입니다

8. 자기관리 리더십 •184
내 인생의 주인으로 살아가기_김경섭

9. 자아컨트롤 리더십 •208
내 인생의 영원한 보호자는 나 자신뿐이다_서진규

10. 좌절금지 리더십 •224
최악의 상황을 인정하면 더 이상 잃을 것이 없다_강원래

11. 행복재단 리더십 •242
사람은 자기가 마음먹은 만큼만 행복할 수 있다_이석휘

태평로 모임에 대해 •258
한국리더십센터에 대해 •260
주니어 리더십 페스티벌이란? •261
도움을 받을 수 있는 곳 •262

길이 갈라지는 곳에서
나는 인적이 드문 길을 택했다.
그 이후로 모든 것이 달라졌다.

-로버트 프로스트Robert Frost, 시인-

고래의 꿈을 좇아야 바다를 얻습니다

1부

1. 적성발견 리더십 나만의 꿈, 나만의 성공_강지원
2. 재능발견 리더십 내 안에 숨어 있는 화려한 광맥을 캐내라_문용린
3. 목표지향 리더십 태양열을 모으는 렌즈처럼 꿈을 향해 열정을 쏟아라_이시형
4. 열정의 리더십 '하고 싶은 일'에 대한 열정은 세상에서 가장 아름다운 중독이다_강석진

적성발견 리더십 1

나만의 꿈, 나만의 성공 _강지원

서울대학교 정치학과 졸업
전 청소년보호위원장
한국매니페스토실천본부 상임대표

공부, 잘해야 하나?

공부는 잘하니?

우리나라 어른들에게는 참 특별한 습관이 한 가지 있습니다. 어른들은 학생들을 만나면 "몇 학년이니?" "어느 학교 다니니?" 하고 관심을 표시한 다음 꼭 한마디 더 물어보는 말이 있습니다. 무슨 말입니까? "공부 잘하니?" 입니다. 간혹 집안 어른들을 만나게 되어 인사라도 드리면 "그래, 공부는 열심히 하고 있지?" 라고 말씀하십니다.

공부를 잘할 경우에는 주저 없이 자신 있게 '잘한다'고 대답할 수 있습니다. 하지만 공부 못해서 가뜩이나 주눅이 들어 있는데,

공부 잘하느냐고 물어오면 마음이 몹시 상합니다.

　우리나라 사람들은 모두 마치 '공부 노이로제'에 걸린 것 같습니다. 각 나라마다 문화적인 차이가 있다는 것은 인정하지만, 우리네 어른들은 좀 너무한다는 생각이 들기도 합니다.

　한번, 곰곰이 생각해봅시다.

　공부 잘하는 학생들은 어떤 학생들입니까? 그들은 '공부를 잘하는 재주를 타고난 학생'들입니다. 그렇다면 그러한 재주를 타고나지 않아 공부를 못하는 학생들은 공부를 잘하는 것이 정상입니까? 아니면 공부를 못하는 것이 정상입니까? 공부 못하는 재주를 타고난 학생이 공부를 잘한다면, 그것은 오히려 비정상입니다. 공부 못하는 것이 정상인 것입니다.

　우리나라처럼 이런저런 탐구 과정을 통해 창의력을 발휘하는 것이 아니라 뭐든 달달 외워서, 심지어 수학 문제까지도 외워서 풀어내야 하는 입시제도 밑에서는 그저 잘 외우고 잘 찍는 사람이 좋은 성적을 받습니다. 그래서 그런지 '족집게 강사' 또는 '족집게 학원'은 경기와 상관없이 늘 호황을 누려왔습니다.

　어른들은 왜 학생들을 만나면 "공부는 잘해?"라고 물을까요? 공부 잘하는 것은 알아서 어디에 쓰려고 하는지, 무슨 학적부 검사를 하는 것도 아니면서 사람을 공부로만 평가하려는 심사는 도대체 무엇인지 궁금해집니다.

Are you happy?

　유럽이나 미국 등 흔히 말하는 선진국에서는 어른들이 학교에 다니는 아이를 만나도 "학교에 잘 다니니?" 아니면 "공부는 잘하고 있니?"라고 묻는 경우가 거의 없습니다. 여러 가지로 관심을 나타내는 질문들이 있지만 이렇게 묻는 경우도 많습니다.

"Are you happy?"

공부하고는 아무런 상관이 없는 말입니다.

여러분이 8시까지 학교를 가야 하는데 아차 하는 순간에 2, 3분 늦었다고 합시다. 그러면 여러분은 초조하고 급한 마음에 가방을 둘러메고 눈썹이 휘날리도록 냅다 달립니다. 교문에는 눈을 가늘게 뜨고 지각하는 학생의 뒷덜미를 잡는 선생님이 계시기 때문입니다. 학생들이 몇 분, 아니 몇 초라도 늦게 교문을 통과하면 선생님은 마치 낚싯줄에 고기가 걸려든 것처럼 말합니다.

"너, 오늘 딱 걸렸어."

참으로 정 떨어지는 말씀이십니다. 초조하고 불안한 마음으로 그래도 배우겠다는 일념에서 열심히 달려왔는데, 아침부터 기분이 영 엉망이 되고 맙니다. 그렇지 않아도 마음이 언짢았는데 불난 집에 기름을 붓는 격이 됩니다. 그때 만약 선생님이 "오늘 기분이 어때?"라고 따뜻하게 말씀해주신다면 어떨까요? 아마도 그 학생은 찡그렸던 얼굴을 확 펴면서 자신을 걱정해주는 선생님께 고마움을 느낄 것입니다.

아무나 공부 못하나?

언제부터인지는 모르지만, 우리 청소년들의 삶은 모든 것이 '공부라는 잣대'에 맞춰져 왔습니다. 공부를 잘하는 학생은 똑같은 잘못을 해도 적당히 봐주고 공부를 못하는 학생은 더 혼이 나거나 한마디라도 잔소리를 더 듣습니다.

학창 시절에 대다수의 학생들이 이러한 경험을 합니다. 하지만 공부를 잘하는 학생들은 공부를 잘하는 재주를 타고난 학생들이기 때문에, '공부'는 그러한 학생들의 몫으로 맡겨두어야 합니다. 그러면 그러한 재주를 타고나지 않은 학생은 어떠해야 합니까? 당연히 공부를 못해야 합니다.

여러분, 공부를 못하는 것이 얼마나 엄청난 재주인지 아십니까? 보통 재주가 아닙니다. 중요한 사실 하나 알려드릴까요? 공부를 못하는 학생들에게는 그 대신 반드시 다른 재주가 하나씩, 둘씩, 셋씩 있다는 사실입니다. 그러니 이제부터는 누가 공부 못한다고 구박하면 그 대신 나는 달리 잘하는 것이 있다고 큰소리로 말하십시오.

2002년 월드컵 때, 전 국민을 열광시켰던 23명의 선수들이 공부를 잘해서 그렇게 잘 뛰어다녔습니까? 아닙니다. 그들은 축구를 잘하는 재주로 전 국민을 감격의 도가니로 몰아넣었고 전 세계에 '대한민국'이라는 이름을 널리 알렸습니다. 태극기를 목에 두른 청소년이 감격에 겨운 목소리로 "대한민국 국민임이 자랑스럽다."라고 외치던 목소리가 아직도 생생하게 들리는 듯합니다. 그 한마디로도 23명의 선수들이 얼마나 대단한 일을 해낸 것인지 충분히 알 수 있을 것입니다.

여러분이 좋아하는 박지성, 이영표, 설기현 선수 등을 책상 앞에 앉혀 놓고 쥐어박으며 열심히 공부하라고 잔소리를 했다면 그들이 과연 공부를 잘했을까요? 제 생각에는 썩 잘했을 것 같지 않습니다. 타고난 재주가 공부 잘하는 것은 아닐 테니 말입니다. 그 선수들은 책상에 앉아 달달 외우는 재주를 타고난 것이 아니라 열심히 운동장을 누비며 뛰어다니는 재주를 타고났습니다. 그 재주를 열심히 갈고 닦아 세계적인 축구선수가 된 것입니다. 그냥 공부가 아니라 축구 공부를 열심히 한 것입니다.

지금은 다양성의 시대

사람은 모두 다르다

그렇다고 여러분 모두가 축구선수가 되어야 하는 것은 아닙니다. 사람은 모두 타고난 적성이 다르기 때문입니다. 여러분 모두 생김새나 마음 씀씀이가 다른 것처럼 적성도 다릅니다. 세상에 여러분과 똑같은 사람은 단 한 명도 없습니다. 심지어 일란성 쌍둥이도 어딘가 다른 부분이 있다고 합니다.

단체로 뷔페식당에 들어가 접시에 각자 먹고 싶은 음식을 담아 왔다고 가정해봅시다. 각자 접시에 담아온 음식의 종류가 모두 똑같을까요? 분명 모두 다를 것입니다.

사람은 모두 다릅니다. 결코 같을 수 없습니다. 그럼에도 왜 우리나라에서는 유독 공부라는 잣대 하나로 모든 학생들을 일렬로 세워 비교하고 평가하는 것일까요?

공부 못하는 것이 죄입니까?

여러분, 공부를 못하는 것은 죄가 아닙니다. 다만 공부 못하는 재주, 즉 엄청난 재주를 타고난 것뿐입니다. 저는 공부 잘하는 학생도 사랑하지만 공부를 못하는 학생들은 더욱 사랑합니다. 공부를 못하는 학생들에게는 분명 또 다른 타고난 적성이 있기 때문입니다.

그래서 저는 전국의 공부 못하는 학생들에게 '자신의 적성을 찾아라!'라고 강조합니다. 그리고 다른 공부가 아니라 자신의 적성에 맞는 공부를 열심히, 더 열심히 하라고 강조합니다.

자신의 내면을 들여다보고 자기만의 재주가 무엇인지 찾아보십시오. 학업이 적성에 맞는 학생은 그 공부를, 학업이 아니라 자기만의 적성에 맞는 공부가 있는 학생은 그 공부를 열심히 하십시오. 획일적인 공부에 매달려 소중한 시간을 허비하지 말고 나만의 개성있는 삶을 살아가기 위한 공부를 열심히 하라는 말입니다.

다시 한 번 강조하지만, 공부를 못하는 것은 엄청난 재주입니다. 공부라는 잣대를 들이대며 공부를 못하는 것에만 집착하지 말고 공부가 아닌 다른 재주를 찾아내야 합니다.

신은 공평합니다. 만약 여러분이 공부 잘하는 재주를 타고나지 않았다면 분명 다른 면에서 훌륭한 소질을 지니고 있을 것입니다.

지금까지는 공부를 못하면 다른 것도 못하는 사람으로 여겨져 왔습니다. 사실은 그렇지 않은데도 말입니다. 공부는 못하더라도 창의적이고 개척적이고 생산적인 갖가지 분야에서 다양하게 두각을 나타낼 수 있습니다.

단지, 찾지 않았을 뿐입니다. 공부라는 획일적인 잣대 때문에 찾아낼 엄두조차 내지 못했던 것입니다.

세상이 변했다

여러분은 누구나 '사농공상'이라는 말을 들어보았을 것입니다. 과거에 '사士'에 속하는 사람들이 세상을 지배하고 명령하고 복종시키고 심지어 다른 사람들을 착취하던 시절이 있었습니다. 중세기나 왕조시대에는 분명 그랬습니다.

근대 산업사회에 들어와서도 그러한 권력 관계는 오랫동안 지속되었습니다. 그렇기 때문에 많은 사람들이 '사'가 되고 싶어했고 '사'에 들어가기 위해 발버둥쳤습니다. '사'가 되는 것은 곧 부귀영화를 의미했고 떵떵거리고 잘살 수 있는 길이라고 생각했던 것입니다.

우리의 교육열은 종교열보다 강합니다. '일류대학'이라는 신이 불교나 기독교의 신보다 더한 숭상을 받고 있는 것입니다. 우리 학생들이 허구한 날 달달 외우며 점수따기에 혈안이 되어 있는 이유가 무엇입니까? 바로 '사'가 되기 위해서입니다.

흔히 말하는 일류대학을 나와야만 '사'가 되어 세상에 군림하고 떵떵거리며 잘살 수 있다는 생각에서입니다. 너나없이 '공부병 환자'가 되어, 자라는 아이들을 달달 볶는 이유가 바로 여기에 있습니다.

그러나 이제 세상이 바뀌었습니다. 사농공상이 수직관계가 아니라 수평관계로 바뀐 것입니다. 이제는 위아래가 없습니다. '사'라고 해서 부귀영화를 독식하다시피 하고 더 대우받고 살 수 있는 세상이 아닙니다.

농사짓는 사람, 공업에 종사하는 사람, 상업에 종사하는 사람은 물론이고 여러 가지 기술이나 예술, 스포츠 분야에 몸담고 있는 사람들이 다 같이 대접받는 시대가 된 것입니다.

한마디로, 지금은 다양성의 시대입니다.

과거에는 '사' 하나만이 득세하는 획일성의 시대였다면, 이제는 '사농공상' 모두가 소중한 다양성의 시대인 것입니다. 지금은 어느 누구든 어떤 일을 하든 스스로가 노력만 한다면 세상에서 대우받고 존중받고 또한 그 일을 통해 성공을 이룰 수 있는 '다양성의 시대'입니다.

다양한 적성의 시대

'다양성의 시대'를 청소년 교육의 측면에서 표현하자면 '다양한 적성의 시대'라고 할 수 있습니다. 이제 여러분의 다양한 적성에 따라 '사'가 되고 싶은 사람은 '사'가 되고, '농'이 되고 싶은 사람은 '농'이 되고, '공'이 되고 싶은 사람은 '공'이 되어야 합니다. 어떠한 분야를 선택하든 얼마든지 세상에서 인정받고 성공할 수 있는 시대가 된 것입니다.

상업에 재주가 있는 학생은 장사를 해야 합니다. 농업에 재주가 있는 학생은 농사를 지어야 합니다. 축구에 재주가 있는 학생은 축구를 해야 합니다. 예술에 재주가 있는 학생은 예술가가 되어야 합니다.

어느 것이든 우리가 살아가는 데 있어서 중요하지 않은 일이 없습니다. 예컨대 농사 역시 우리의 일차적인 문제, 즉 먹고사는 문제를 책임지는 분야이므로 엄청나게 중요한 분야입니다. 엄밀하게 말해 농사는 생명산업에 속하는 일입니다.

아직 제 말을 마음으로 받아들이지 않는 사람이 많을 것입니다. 설사 제 말에 긍정적인 반응을 보이더라도 뒤돌아서면 "나만큼은 일류대학에 들어가야 해."라거나 "내 자식만큼은 일류대학에 들어가야지."라고 생각하는 사람이 있을 것입니다.

그러나 이미 말했듯 세상은 변했습니다.

과거에는 일류대학을 나와 '사'가 되면 떵떵거리고 잘 살았지만 이제 그런 시대는 다시 오지 않을 것입니다. '사'에 적성이 맞는 학생만 '사'가 되면 됩니다. 책상에 앉아 펜대 굴리기 좋아하는 사람, 뛰어다니며 일하기보다 한 곳에 앉아서 일하기 좋아하는 사람은 '사'가 되십시오. 그러나 세상에는 '사' 말고도 아주 다양한 분야가 존재합니다. 수많은 일 중에서 여러분의 적성에 맞는 것을 찾아내십시오.

내 적성이란?

하고 싶은 일, 잘할 수 있는 일

여기서 말하는 '적성에 맞는 것'이란 과연 어떤 의미일까요? 그것은 바로 하고 싶은 것, 그리고 잘할 수 있는 것을 말합니다. 그런데 하고 싶은 것과 잘할 수 있는 것이 딱 들어맞지 않는 경우가 있습니다.

예컨대 백댄서가 되고 싶어 공개오디션에 참가했는데 영 아니라는 평가를 받고 퇴짜를 맞을 수도 있습니다. 더러는 이와 같이 하고 싶다는 이유만으로 선택할 수 없는 경우도 있습니다. 그것은 한때의 유행이나 허영에 들떠 하고자 했거나 아니면 잘못된 전망으로 하고자 했을 때 나타나는 현상입니다.

여러분은 스스로 인생을 결정해야 합니다. 결코 주변 사람들의 고정관념이나 핑크빛 미래에 대한 근거없는 부추김에 현혹되지 마십시오. 대체 미래의 세상이 어떻게 변할지 누가 알 수 있단 말입니까! 제아무리 용한 점쟁이도 장담하지 못하는 법입니다.

컴퓨터가 이렇게 온 세상을 바꿔놓을 줄 누가 알았겠습니까! 아니, 10년 전만 해도 우리가 이렇게 인터넷 세상에서 살게 될 줄은 꿈에도 생각지 못했습니다. 그러니 외부 환경이나 조건에 현혹되지 마십시오. 오로지 믿을 것은 자기 자신밖에 없습니다. 먼저 내가 정말로 하고 싶은 일이 무엇인지 생각해보고 그 일을 잘할 수 있을지 고려해봐야 합니다.

하고 싶고 잘할 수 있다면 더 볼 것도 없습니다. 그냥 그 길로 가면 됩니다. 주위에서 아무리 뭐라고 해도 흔들리지 말고 앞으로 나아가십시오.

나는 왜 이런 걸까?

여러분 중에는 아마도 '나는 왜 이렇게 특별히 잘하는 것이 하나도 없을까?' '아무리 생각해도 잘하는 것이 없어.' 라고 생각하는 사람이 있을 것입니다.

그것은 어른들이 여러분을 제대로 지도하지 못한 탓입니다.

중학교 시절은 '적성의 탐색기'입니다. 따라서 자기 자신에 대해 집중적으로 탐색을 해야 합니다. 그리고 고등학교에 들어가면 적성을 집중적으로 개발해야 합니다. 한마디로, 고등학교 시절은 '적성의 개발기'입니다.

그런데 주변에서 보면 4년 동안 대학을 다니고도 아니, 나이가 마흔이 되어도 대체 자신의 적성이 무엇인지 알지 못하겠다는 사람들이 많습니다. 그것도 대단히 많습니다.

이제 막 대학교에 들어간 신입생들에게 설문조사를 해보십시오. 자신의 적성에 맞는 과를 선택했느냐고 물어보면 30퍼센트 정도에 해당하는 학생들만 '그렇다.'고 대답합니다. 성적에 따라 어쩔 수 없이 선택했다고 대답하는 학생들이 대부분입니다.

그러니 적성에 맞지도 않는 공부를 4년 동안이나 한다는 것이 얼마나 괴롭고 힘든 일이겠습니까! 물론 점수를 따야 졸업을 할 수 있으니 공부를 하기는 할 것입니다. 그러나 그 낭비가 얼마나 크겠습니까?

이런 낭비를 국가 전체적으로 따져 본다면 그 손실은 엄청나게 클 것입니다.

대학, 믿지 말라

얼마 전, 여러 기업들이 서울대학교에서 기업설명회를 했다고 합니다. 그런데 설명회에 참석한 어느 기자가 참으로 세상이 많이 변했다는 것을 실감했다고 털어놓았습니다. 한 대기업의 인사 담당 임원의 설명은 이러했다고 합니다.

그 회사의 경우 10여 년 전만 해도 서울대학교 출신이면 무난히 입사할 수 있었다고 합니다. 시험을 보는 족족 합격해 80퍼센트에 가까운 학생들이 별다른 경쟁 없이 입사할 수 있었다는 것입니다.

하지만 지금은 심층면접이니 논술고사니 하는 것들이 생겨 상황이 많이 달라졌답니다. 다양한 채용방법을 동원했더니 서울대학교 출신의 채용비율이 20퍼센트 정도로 뚝 떨어졌다고 합니다. 심지어 2002년에는 기업설명회를 개최하고도 서울대학교 출신들을 단 한 명도 채용하지 못했다고 합니다. 그 임원은 시대 변화를 절감하면서 이렇게 말했습니다.

"서울대학교 출신들은 수영장에서 옷을 벗고 수영할 생각은 하지 않고 밖에서 남들 수영하는 것을 보고 해설만 하려고 합니다."

일본의 도쿄대생들을 아주 혹독하게 비평한 '다치바나'라는 사람이 있습니다. 그는 자신의 저서에서 "도쿄대학교 출신들은 잔머리만 굴리고 잔재주만 부리며 정의감도 부족하고 기초적인 교양도 부족하다."라고 평가하고 있습니다. 그러면서 그런 사람들이 어떻게 일본을 이끌어 나갈 수 있겠느냐고 한탄합니다.

그런데, 우리나라의 기업설명회에서도 비슷한 이야기가 나온 것입니다. 또 많은 기업의 경우 실제로 처음 입사할 때는 서울대학교 출신이라는 것이 다소 유리하게 작용한다고 합니다. 그러나 5년이나 10년이 지나 승진할 때가 되면 오히려 서울대학교 출신들의 승진율이 떨어진다고 합니다.

학교의 간판이 여러분의 인생을 보장해주던 시대는 지나갔습니다. 솔직히 말해 간판이 좋으면 탄탄대로이던 시절이 있었습니다. 그러나 지금처럼 다양성의 시대, 적성의 시대에는 그런 간판이 더 이상 통하지 않습니다.

하고 싶은 일을 해야 성공한다

꿈은 이루어지나?

어느 도시에 늘 온화한 표정으로 행복하게 미소를 짓는 스승이 있었습니다. 그는 언제 보아도 행복한 표정이었고 한 번도 찡그리거나 불행한 기색을 보이지 않았습니다. 그 모습이 너무도 신기했던 제자가 하루는 이렇게 물었습니다.

"스승님도 분명 기분이 나쁘거나 슬플 때가 있을 텐데 왜 늘 행복한 표정을 짓고 계십니까?"

그러자 스승은 빙그레 웃으며 대답했습니다.

"물론 나도 전에는 어둡고 슬픈 불행에 짓눌려 살았단다. 하지만 어느 순간, 삶이란 모두 내 선택에 달려 있다는 것을 깨닫게 되었지. 그날 이후로는 아침에 눈을 뜰 때마다 이렇게 내 자신에게 묻는단다. '오늘은 어떤 삶을 선택할 것인가? 행복인가, 불행인가?' 그때마다 나는 행복을 선택하고 있지."

여러분도 행복을 선택할 수 있습니다. 그러기 위해서 먼저 여러분이 가장 하고 싶은 일, 더불어 가장 잘하는 일이 무엇인지 찾으십시오. 그것이 바로 여러분의 적성이자 타고난 재주입니다.

여러분은 지난 월드컵 때, 관중석을 빛나게 했던 붉은 악마의 카드섹션 중에서 '꿈은 이루어진다.' 라는 글귀를 기억할 것입니다. 꿈은 정말로 이루어집니다.

그렇다면 그 꿈은 과연 어디에서 찾아야 할까요?

많은 사람들이 꿈을 멀리서 찾으려고 합니다. 그리고 눈에 보이는 것, 소유하는 것에서 찾으려 합니다. 돈, 권력, 지위, 명예, 인기 같은 것 말입니다. 그렇다면 돈, 권력, 지위, 명예, 인기가 있으면 모두 행복합니까? 현실적으로 그런 사람들이 모두 행복한가를 보면 반드시 그렇지는 않습니다.

돈이 많다고 성공이고 행복합니까? 어떤 사람이 느닷없이 돈 10억 원을 벌어 무척 기분이 좋았다고 합니다. 그런데 다음날이 되자 옆집 사람은 11억 원을 벌었다는 소식이 들려왔습니다. 그러자 그 때부터 기분이 확 나빠져서 또다시 호전적인 태도로 세상을 살았다고 합니다.

또 사회적 지위가 높으면 성공이고 행복합니까? 여러분, 이 나라 역대 대통령 중에서 존경하는 사람이 있습니까? 대통령이라 하면 감투가 제일 높은 자리인데, 왜 이 나라의 대통령들은 하나같이 쫓겨나서 죽거나 총 맞아 죽거나 교도소에 가거나 자식들이 잡혀가거나 합니까?

돈, 권력, 지위, 명예, 인기는 그 자체가 삶의 목표가 아닙니다. 우리가 삶을 살아가는 데 필요한 도구이며, 그래서 우리가 얻고자 노력하는 대상입니다.

꿈은 내 안에 있다

여러분, 꿈은 멀리에 있지 않습니다. 바로 여러분 안에 있습니다. 꿈은 바로 여러분의 가슴 속에, 타고난 적성 속에 있습니다. 따라서 여러분의 적성을 찾아 그것을 개발해 열심히 나아가면 여러분의 꿈은 이루어집니다. 그것이 자기실현입니다.

하고 싶은 일을 하면 저절로 콧노래가 나오고 신바람이 나게 마련입니다. 그러나 하기 싫은 일을 억지로 하면 신바람은커녕 진저리를 치게 될 것입니다.

하고 싶은 일, 잘할 수 있는 일을 찾으십시오. 그것을 찾으면 효율성과 생산성도 절로 높아지고 더불어 창의력도 좋아집니다. 수많은 아이디어는 그런 가운데서 나옵니다.

세계적인 발명가가 어떻게 위대한 발명을 했겠습니까? 하기 싫은 일을 억지로 하다가 발명품을 만들어냈겠습니까? 아닙니다. 자기가 하고 싶은 것, 잘할 수 있는 것, 남들이 뭐라고 하든 자기가 좋아하는 일을 찾아 열심히 한 결과인 것입니다. 바로 그러한 창의적인 아이디어가 세상을 바꿉니다.

그리고 더 중요한 것이 있습니다. 자신이 하고 싶어하고 잘할 수 있는 일을 하면 스스로 행복하고 후회가 없다는 점입니다. 사람이 이 세상에 태어나 불과 몇 십 년 살다가 떠나는데, 이 세상에서 내가 하고 싶은 일을 마음껏, 실컷 했다고 하면 무슨 미련이 남겠습니까. 바로 이것이 스스로 행복해지는 길입니다.

제 몸에 맞는 옷

지금까지 우리나라 교육은 달달달 외우는 교육에 치중했을 뿐, 여러분 한 사람 한 사람의 개성을 찾아주는 일에 소홀했습니다. 장인정신을 발휘하여 한 사람 한 사람의 몸에 맞는 옷을 맞춰주는 양장점이 아니라 그냥 일정한 틀에 따라 기성복을 만들어놓고 옷에 몸이 맞으면 입고 그렇지 못하면 도태되는 식으로 교육해왔던 것입니다.

그렇기 때문에 사회에 나가보면 제 몸에 잘 맞는 옷을 입은 것처럼 적성에 맞는 일을 찾아 행복하게 일하는 사람보다는 마치 빌려 입은 옷처럼 자기 일에 적응하지 못하는 사람, 너무 꽉 낀 옷처럼 일을 힘들어하는 사람들이 훨씬 더 많습니다.

원인 없는 결과는 없는 법입니다. 교육과정 자체가 획일적인 틀로 짜여 있는데 사회에 나와 제대로 적응하리라고 기대하는 것 자체가 이상한 것입니다. 그렇다고 마냥 교육정책이 변하기만을 기다릴 수는 없습니다. 하염없이 기다리기에는 여러분의 시간이 너무도 아깝습니다. 이제 여러분 스스로 자신의 적성을 찾아내야 합니다. 마냥 앉아서 구조적인 변화를 기다릴 수는 없습니다.

몸에 잘 맞는 옷을 입으면 자연스럽고 기분이 좋은 것처럼 분명 여러분 각자에게 맞는 적성이 있습니다. 그것을 찾으십시오.

하고 싶은 일을 하는 사람은 정말로 행복합니다. 그리고 그것이 곧 참된 성공입니다.

있는 그대로의 나를 사랑하라

세상에서 가장 완벽한 꼽추

여러분 중에는 '나는 왜 이렇게 되는 일이 없을까?' '나는 왜 이렇게 운이 없을까?' '나는 왜 이렇게 재수가 없을까?' 심지어 '나는 왜 이렇게 가난한 집에 태어났을까?' 라고 생각하는 사람이 있을지도 모릅니다. 더 나아가 왜 이렇게 못생겼는지, 왜 이렇게 뚱뚱한지 등 온갖 고민을 싸안고 있을 수도 있습니다.

그러나 여러분, 여러분의 있는 그대로의 모습을 사랑하십시오. 삶을 있는 그대로 받아들이면 새로운 용기와 희망이 솟아납니다.

어느 이슬람교도가 사람들에게 둘러싸여 이슬람의 신비주의 전통에 대해 말하고 있었습니다.

"삶은 정말로 완벽합니다. 모든 것이 완벽하지요. 물론 인간 또한 완벽합니다."

그때, 곁에서 이야기를 듣고 있던 꼽추가 벌떡 일어나더니 말도 안 된다는 표정으로 크게 소리쳤습니다.

"삶이 완벽하다고요? 정말로 뭘 모르시는군요. 나를 보시오. 내가 바로 삶이 완벽하지 않다는 증거란 말이오. 이 추하고 힘겨운 몰골을 보시오. 이래도 인간이 완벽하다고 말할 수 있소?"

이슬람교도는 꼽추를 물끄러미 바라보더니 이렇게 말했습니다.

"당신은 지금까지 내가 본 꼽추들 중에서 가장 완벽한 꼽추입니다."

우리는 항상 남과 비교해서 자신에게 뭔가가 부족하다고 생각합니다. 그래서 열등감을 느끼고 상처를 받습니다. 설령 여러분이 장애인으로 태어났더라도 그것은 한탄할 요인이 아닙니다. 장애인은 장애인으로서의 훌륭한 삶이 있습니다. 못생긴 사람, 키 작은 사람, 뚱뚱한 사람, 말 못하는 사람에게도 모두 훌륭한 삶이 있습니다.

토끼와 거북 이야기의 맹점

그런데, 왜 사사건건 자신과 남을 비교하고 불필요한 경쟁을 하는 것입니까?

여러분은 '토끼와 거북의 경주 이야기'를 잘 알고 있을 것입니다. 토끼와 거북이 경주를 하는데, 열심히 달리던 토끼가 자만심에 빠져 게으름을 피우다가 졌다는 얘기 말입니다. 하지만 곰곰이 생각해보십시오. 세상에 토끼와 거북이 경주하는 것을 본 사람이 있습니까?

단언하건대 토끼와 거북은 절대로 경주를 하지 않습니다. 토끼는 깡충깡충 뛰는 재주를 타고났습니다. 그리고 거북은 엉금엉금 기는 재주를 갖고 태어났습니다. 그런데 어떻게 깡충깡충 뛰는 재주와 엉금엉금 기는 재주를 비교할 수 있겠습니까!

만약 제가 토끼라면 절대로 거북과 경주하지 않을 것입니다. 제가 거북이라고 해도 마찬가지입니다.

토끼는 토끼대로의 삶이 있고 거북은 거북대로의 삶이 있습니다. 여러분에게는 여러분 나름대로의 삶이 있고 여러분의 동생이나 언니는 그 나름대로의 삶이 있습니다. 절대로 같아야 한다고 생각해서는 안 됩니다.

'개미와 베짱이 이야기'도 다시 한번 생각해봐야 합니다.

이야기 속에서 개미는 부지런히 바닥을 기어 다니며 먹이를 구합니다. 반면에 베짱이는 여름 내내 기타를 치고 노래를 부릅니다. 이 둘을 서로 비교한다는 것 자체가 우스운 발상입니다.

개미에게는 개미의 삶이 있는 것이고 여름철 내내 노래를 불러야 하는 것은 베짱이의 삶입니다. 베짱이가 개미처럼 바닥을 기어 다녀야 한다고 생각해보십시오. 그게 베짱이입니까? 아니면 개미입니까? 베짱이에게는 베짱이 나름대로의 삶이 있습니다. 그런데 대체 누가 이런 이야기를 만들어 베짱이를 완전히 게으름뱅이로 묘사한 것일까요?

만약 제가 베짱이라면 명예훼손죄로 고소해버렸을 것입니다. 베짱이는 베짱이 나름대로 충실한 삶을 산 것이지 결코 게으름을 피운 것이 아닙니다. 노래 부르는 재주를 타고나서 열심히 노래를 불렀는데 그게 뭐가 잘못되었다는 것입니까? 요즘 식으로 이야기를 바꾼다면, 베짱이는 아마도 노래 잘하는 스타가 되어 하고 싶은 일을 하면서 살아가는 행복을 누리고 있을 것입니다.

세상의 중심에서

사람들은 나름대로 살아가는 방식이 모두 다릅니다. 그런데 왜 그렇게 늘 남과 비교하면서 자기 자신을 비하하는 걸까요? 자기 자신을 함부로 학대해서는 안 됩니다.

여러분에게 주어진 환경, 조건, 재주는 모두 하늘의 뜻이고 땅의 뜻입니다. 감사하고 소중하게 생각해야 합니다. 있는 그대로의 모습을 사랑하십시오. 자신을 사랑하고自愛, 자신을 믿고自信, 자신을 소중히 생각하고自重, 자신을 존중하는 것自尊이 자신의 삶을 개척해 나가는 바른 길입니다.

여러분에게는 타고난 재주가 있습니다. 그 재주를 사랑하십시오. 남과 비교해서 보면 어느 것은 많고 어느 것은 적을 수도 있겠지만 그것은 특별한 의미가 없습니다. 오로지 여러분이 잘할 수 있는 일, 여러분이 하고 싶은 일을 찾으면 됩니다.

자신을 있는 그대로 받아들이고 자기 자신을 사랑하는 사람은 쓸데없이 남과 비교하여 상처를 받지 않습니다. 있는 그대로의 모습을 사랑하고 자랑스럽게 생각하며 존중하기 때문입니다. 그런 사람들은 자기 자신뿐 아니라 진정으로 다른 사람까지도 사랑할 줄 압니다. 자기 자신을 사랑하면 마음이 넉넉해지고 자신감이 생기기 때문입니다.

여러분은 사랑으로 충만한 존재입니다. 여러분의 꿈을 실현하고 싶다면 여러분의 타고난 재주를, 타고난 적성부터 사랑하십시오.

여러분이 하고 싶은 일, 잘할 수 있는 일을 찾고, 나아가 이 세상에 조금이라도 보탬이 되는 일을 할 수 있다면 더 이상 무엇을 바라겠습니까. 그것이 바로 참된 성공이고 참된 행복입니다. 여러분은 여러분의 힘으로 여러분 자신과 여러분의 세상을 바꾸어 나갈 수 있습니다.

진정, 여러분이 잘할 수 있는 일로 세상을 바꾸어 나가십시오!

●● Tip for Leadership

 나의 미래명함을 작성해보자

이 세상은 꿈을 가진 사람의 것입니다. 이 세상은 꿈을 가진 사람들에 의해 발전하였고, 그들 덕택에 지금의 모습이 되었습니다. 달나라에 가고자 꿈을 꾸었기에 달나라에 다녀왔고, 먼 곳에 있는 사람과 말하는 것을 꿈꾸었기에 휴대전화가 생겼습니다. 하늘을 나는 꿈은 비행기를 낳았고, 바다를 다니고 싶은 꿈은 배와 잠수함을 낳았습니다.

우리 친구는 어떤 꿈을 가지고 있나요? 꿈이 자꾸 변한다고요? 꿈은 변할지언정, 꿈은 꾸면 꿀수록 성장하게 됩니다. 정말 내가 원하는 꿈을 키워 나가세요.

꿈을 가진 친구는 그 꿈이 마음속에서 자랍니다. 20년 뒤 미래의 모습을 구체화하게 됩니다. 그것을 이루기 위해 필요한 것을 찾고, 내 것으로 갖도록 노력합니다. 필요한 공부를 하고, 체력을 기르고, 친구를 배려하는 마음도 생기게 되지요.

꿈을 구체화하고, 마감시간을 둔다면 그것은 목표가 됩니다. '미래의 모습을 이루었다' 라는 강한 신념 아래, 지금부터 내가 이루어야 할 것을 구체화하기 시작합니다.

1년 내 목표가 생깁니다. 중고등학교 때 이루어야 할 목표가 생깁니다. 가고 싶은 대학과 학과를 찾게 되지요. 사회에 나가서 많은 경험을 쌓는 것을 기다립니다. 더 이상 인터넷 게임이나 드라마 같은 것을 끊게 됩니다. 그동안 허비한 시간을 만회하려는 듯, 더욱 열심히 합니다.

미래명함이란 내가 바라는 미래의 모습을 영화를 보듯이, 사진을 찍듯이, 그림을 그리듯이 구체화하는 작업입니다. 눈을 감고 '미래의 나'를 만나세요. 어떤 옷을 입고, 누구와 일을 하고, 어디에 앉아 있으며, 나를 찾는 사람들이 어떤 사람인지 구체화하세요.

전문가일 수도 있고, 회사 대표일 수도 있습니다. 작가도 가능하지요. 자신을 어떻게 소개하고 싶은지 구체적으로 적어주세요. 이왕이면, 미래의 전화번호도 기록해보세요. 이렇게 만든 미래명함을 신뢰하는 친구나 부모님께 보여드리면서 "나 이런 사람이야." 하고 자신있게 선언하세요.

잊지 마십시오. 미래의 모습은 여러분 손안의 명함에 달려 있다는 사실을. 꿈을 꾸고 구체화하는 사람에겐 희망의 미래명함이 손안에 있습니다. 미래명함은 꿈을 향해 가도록 하는 나만의 엔진입니다. 자, 이제 엔진 발진!

미래명함을 만들기 위해 다음을 생각해보세요.

1. 내가 흥미를 갖고 있는 직업이나 분야는 무엇인가요?
2. 나의 꿈은 무엇인가요? 그 꿈을 통해 어떤 것을 이루고 싶은가요?
3. 20년 뒤, 신문에서 나에 대한 기사를 쓰려고 합니다. 부모, 형제, 친구 세 명을 인터뷰한다고 하는데, 그들이 나에 대해 어떻게 말해주었으면 좋겠나요?
4. 미래에 내가 좋아하는 일을 할 때, 어떤 옷을 입고 누구와 함께 일하고 있나요?

• 미래명함 사례 1

반갑습니다! 유서영입니다!

-한국에서 가장 인기있는 동물병원의 원장입니다.
-아름다운 시를 쓰는 시인입니다.
-어린이를 위해 예쁜 동화를 쓰는 동화작가입니다.

• 미래명함 사례 2 최종현의 10년 뒤의 모습

최 종 현

019-9150-0000
jhchoi@eklc.co.kr

EBS 청소년 리더십 강사
청소년 리더십 및 시간관리 베스트셀러 작가
청소년 라이프 & 커리어 코치
대통령 직속 청소년 리더십 수석 장관

2 재능발견 리더십

내 안에 숨어 있는 화려한 광맥을 캐내라 _문용린

서울대학교 교육학과 졸업
미국 미네소타 대학원 교육심리학과(철학박사, Ph.D)
전 교육부장관
현 서울대학교 교육학과 교수

인간 내면의 무한한 능력

물은 언뜻 보면 그냥 물처럼 보일 뿐이지만, 사실 물 속에는 오색찬란한 무지개가 숨어 있습니다. 마찬가지로 여러분의 내면에는 무지개 색보다 더 찬란하게 빛나는 색이 숨어 있습니다. 그것이 바로 '능력' 이라는 것입니다.

그 유명한 김구 선생도 여러분 나이 때는 그처럼 유명한 사람이 되어 역사책에 기록될 줄은 몰랐을 것입니다. 하지만 세월이 흐르면서 그의 내면에 숨어 있던 무지개가 꽃을 피워 김구 선생으로 거듭나게 된 것입니다.

도산 안창호 선생이나 안중근 선생 또한 어렸을 때는 여러분과

하등 다를 바 없는 개구쟁이였을 것입니다. 그들의 내면에 숨어 있던 아름다운 빛을 지닌 '능력'이라는 색이, 성인이 되어 밖으로 드러난 것입니다.

물 속에 숨겨진 무지개나 사람의 내면에 깃들어 있는 아름다운 능력이나 똑같습니다. 여러분 모두의 내면에는 아름다운 색의 '능력'이 가득 들어 있습니다. 다만 아직까지 그것을 진정한 아름다움으로 피워내지 못하고 있을 뿐입니다.

다중지능을 찾아라

사람은 태어날 때부터 내면에 아름다운 색을 지니고 있습니다. 깡통처럼 속이 비어 있는 사람은 아무도 없습니다. 그런데 '물' 중에서도 화려하게 무지개로 변신하는 물이 있는가 하면 그냥 흘러가 버리는 물도 있습니다. 마찬가지로 어떤 사람은 화려한 무지개 색을 마음껏 펼쳐 보이지만, 또 다른 사람은 한 번도 무지개를 펼치지 못하기도 합니다. 피카소를 생각해봅시다.

그는 자신의 색을 유감없이 펼쳐 보인 사람입니다. 우리나라에도 분명 피카소처럼 그림에 타고난 재능을 지닌 사람이 많았을 것입니다. 하지만 피카소처럼 시대를 또는 사람을 잘 만나지 못해 내면의 아름다움 그리고 화가로서의 색을 펼쳐내지 못했을 뿐입니다.

사람의 내면에 숨겨진 능력은 일곱 빛깔의 무지개와 달리 여덟 개의 빛을 띠고 있습니다. 그것을 '다중지능'이라고 합니다. 그리고 다중지능은 우리 눈에 잘 보이지 않습니다.

세 발 자전거를 타고 가는 아이를 보면서 그 아이의 미래를 내다볼 수 있습니까? 그 아이의 내면에 숨겨진 재능은 그 누구도 볼 수 없습니다. 단지 한 가지 확실한 것은, 그 아이가 20세가 되고 30세가 되면 뭔가 자기 몫의 일을 하리라는 점입니다.

인간의 무한한 잠재 능력

컵에 담긴 물은 그냥 물이지만 우리는 물 속에 무지개가 있다고 확신합니다. 물론 무지개는 보이지 않습니다. 마찬가지로 지금 여러분은 힘이 센 것도 아니고, 영어를 잘하는 것도 아니고, 사회에서 활동하는 것도 아니지만 어른들은 여러분의 내면에 숨어 있는 능력을 믿습니다. 세월이 지나면 여러분이 그 능력을 마음껏 펼쳐 대한민국에 그리고 전 세계 인류에 중대한 영향을 미치리라고 믿는 것입니다.

어린이는 비록 아직 할 줄 아는 것이 적지만 어린이의 내면에는 화려한 능력이 숨어 있습니다.

구 소련의 석학 이반 예프리모브는 이렇게 말했습니다.

"인간의 잠재력은 무한하기 때문에 40여 개의 외국어에 통달할 수 있고 백과사전을 모두 외울 수 있으며 수십 개 대학의 교과과정을 모두 마칠 수 있는 능력이 있다."

여덟 가지 지능이란?

사람의 내면에는 여덟 가지의 지능이 들어 있다고 했습니다.

과거에는 지능을 얘기할 때, 지능지수IQ라는 말을 많이 사용했지만 지금은 거의 사용하지 않습니다. 지능지수는 정확하지도 않을뿐더러 모든 사람에게 있는 것도 아니기 때문입니다. 그래서 요즘에는 심리학자나 교육학자들이 지능지수라는 말보다 '다중지능'이라는 말을 많이 사용합니다.

인간의 내면에 있는 여덟 가지의 지능이란 과연 무엇을 말할까요? 그것은 신체운동지능, 자기성찰지능, 인간친화지능, 논리수학지능, 언어지능, 공간전환지능, 음악지능, 자연친화지능을 말합니다.

인간은 신의 위대한 창조물이라고 합니다. 여러분의 내면에 깃들어 있는 그 위대성을 끄집어내 최대한 활용하십시오.

이제 인간에게 주어진 여덟 가지의 지능을 각각 살펴볼까요?

신체운동지능

어떤 사람은 운동을 즐기고 아주 좋아하지만, 운동을 싫어하거나 아예 하지 않는 사람도 있습니다. 그리고 우리는 보통 운동을 잘하는 사람을 보고 운동신경이 뛰어나다고 말하고 그 반대의 경우를 운동신경이 둔하다고 말합니다.

같은 운동이라도 어떤 사람은 자신감을 보이지만, 어떤 사람은 자신 없어 하기도 합니다. 이처럼 하나의 운동을 놓고도 사람마다 재능이 다르게 나타납니다.

박찬호는 야구 중에서도 공을 던지는 투수역할을 잘하지만, 박세리는 같은 운동선수이면서도 야구가 아니라 골프를 잘합니다. 그렇기 때문에 각각의 스포츠 종목마다 두각을 나타내는 선수가 따로 있고 올림픽에 그토록 많은 운동종목이 있는지도 모릅니다.

신체운동지능이 높은 사람은 스포츠나 공연예술, 연극, 음악회를 좋아합니다. 공연예술, 미술, 공예 활동을 하려면 대소근육기술을 사용하는 능력이 있어야 하기 때문입니다. 흔히 손재주가 좋은 사람들, 발재주가 뛰어난 사람들, 온몸을 자유자재로 아름답게 잘 움직이는 사람들이 바로 신체운동지능이 높은 사람들입니다.

이런 능력이 뛰어난 사람들은 대개 운동선수가 됩니다. 그리고 배우, 무용가, 외과의사가 되기도 합니다. 같은 의사일지라도 외과의사는 가는 바늘로 혈관을 꿰매야 하고 인체 내에서 뭔가를 잘라내기도 하므로 손재주가 뛰어나야 합니다.

치과의사도 마찬가지입니다. 치과의사도 이를 치료하거나 치아 교정을 할 때 마치 예술작품을 다루듯 해야만 환자가 불편하지 않습니다. 그래서 같은 의사라도 외과의사, 치과의사는 신체운동지능이 뛰어나다고 할 수 있습니다. 기술자, 운동코치, 운동선수, 배우, 무용가, 외과의사 등은 신체운동지능이 높을 때 성공할 확률이 높습니다.

역사적으로 신체운동지능이 뛰어났던 사람을 꼽으라고 한다면 유명한 무용가 이사도라 덩컨도 있고 마사 그레이엄도 있습니다. 물론 우리나라에도 홍신자라는 유명한 무용가가 있습니다.

동작으로 연극을 하는 팬터마임 또한 신체운동지능을 필요로 합니다. 신체운동지능은 이처럼 신체적 운동을 할 때만 발휘되는 지능입니다.

2002년 월드컵 때 한국을 빛낸 23명의 선수들은 사실 영어나 수학 성적이 그리 뛰어나지는 못했을 것입니다. 그렇다면 그들은 어떻게 그라운드에 서기만 하면 머리가 그토록 잘 돌아가는 것일까요?

그라운드에 나가 공을 차고 몰면서 상대 선수를 견제하는 지능은 외우는 지능이나 수학 공부하는 지능과는 전혀 다른 지능입니다. 흔히 바둑을 잘 두려면 머리가 좋아야 한다고들 하지만, 그렇다고 바둑 잘 두는 사람이 반드시 공부를 잘하는 것은 아닙니다. 바둑 두는 지능과 공부 잘하는 지능은 다릅니다. 뜨개질 잘하는 사람이 공부도 잘합니까? 그렇지 않습니다.

신체운동지능이 높아도 다른 지능은 낮을 수도 있습니다. 그렇지만 신체운동지능 하나만으로도 세계 제일의 축구선수, 마라토너, 무용가, 피아니스트가 될 수 있습니다. 신체운동지능 한 가지만이라도 높으면 그것도 세계에서 가장 높으면, 그 분야의 일인자가 될 수 있다는 말입니다.

자기성찰지능

'자기성찰'이라는 말은 자기 자신을 깊이 들여다본다는 뜻입니다. 예컨대 누군가에게 비난을 들었을 때, 그냥 기분대로 "너도 나빠."라고 하지 않고 '나에게 왜 비난을 하는 것일까?' '내가 뭘 잘

못한 거지?' 하고 여러 가지로 생각하는 사람은 자기성찰지능이 높은 사람이라고 할 수 있습니다.

이러한 사람은 자신의 내적인 감정, 꿈, 이상에 접근하고 그것을 이해하는 능력이 뛰어납니다. 주로 종교인, 글을 쓰는 작가, 심리학자, 예술가, 시나리오 작가들이 이러한 지능이 높은 편입니다. 그들은 내면에 대한 성찰이 깊기 때문에 타인의 공감을 끌어내는 데 능숙합니다.

역사적으로 볼 때, 영국의 유명한 여류소설가인 버지니아 울프나 심리학자인 프로이트, 우리나라 국문학사에 커다란 획을 그은 소설가 이상 그리고 성철스님이 이러한 유형이라고 할 수 있습니다.

그들은 자기 밖의 세상에 관심을 갖기보다 자기완성을 위해 자기 자신에 대해 많은 생각을 한 사람들입니다. 즉 내면의 아름다움, 내면의 완성을 위해 애쓴 사람들입니다.

시험비행사 밥 후버의 경우는 어떨까요?

시험비행사인 밥 후버는 어느 날 300피트 상공에서 공중곡예쇼를 펼치고 있었는데, 갑자기 양쪽의 엔진이 모두 멈추고 말았습니다. 다행히 비행기를 잘 다룰 줄 알았던 후버는 침착하게 대응했고 한 사람의 부상자도 없이 비상착륙에 성공했지만 기체는 무참하게 부서지고 말았습니다.

착륙에 성공한 후버는 가장 먼저 비행기 연료를 확인했는데, 아니나 다를까 연료탱크에는 휘발유가 아닌 제트연료가 들어 있었습니다. 누가 보아도 정비사의 실수가 분명했습니다.

여러분 같으면 이러한 상황에서 어떻게 하겠습니까? 만약 자기 성찰지능이 낮은 사람이라면 대뜸 정비사에게 달려가 멱살을 잡고 온갖 욕설을 퍼부으며 난리법석을 떨었을 것입니다.

그러면 후버는 어떻게 했을까요? 일단 후버는 정비사를 불렀습니다.

"정비사는 어디 있나?"

젊은 정비사는 자신이 얼마나 엄청난 짓을 저질렀는지 깨닫고 두려움에 떨며 어쩔 줄 몰라 하고 있었습니다. 자신의 실수로 인해 고가의 비행기가 부서지고 아까운 목숨들을 잃을 뻔했기 때문입니다. 변명의 여지가 없는 엄청난 실수였던 것입니다.

사람들의 웅성거림 속에 바짝 긴장한 정비사가 고개를 떨구고 후버 앞에 나타났을 때, 후버는 그의 어깨에 팔을 얹고는 이렇게 말했습니다.

"자네가 어떤 실수를 했는지 알겠나?"

"어떤 말씀을 드려야 할지 모르겠습니다. 정말 죄송합니다."

"자네는 두 번 다시 이런 실수를 저지르지 않을 걸세. 오늘 아주 비싼 값을 치렀거든. 그러니 앞으로도 계속해서 내 비행기를 맡아 정비해주게나."

"네?"

정비사는 후버의 말이 믿기지 않는다는 듯, 두 눈을 동그랗게 뜨고 물기 어린 눈으로 후버를 바라보았습니다.

후버는 목숨을 잃을 수도 있는 대형사고를 겪은 후에도 남을 탓하는 대신 자기 자신을 돌아보았습니다. 그리고 아무리 정비사가 비행기를 점검했다 해도 결국에는 비행기를 조종할 자신이 마지막 확인을 해야 했다는 결론을 내린 것입니다. 어떤 일이 벌어졌을 때, 다른 누군가를 비난하기 전에 자기 자신을 먼저 돌아볼 줄 아는 사람은 자기성찰지능이 상당히 높은 사람이라고 할 수 있습니다.

인간친화지능

인간친화지능이란 다른 사람을 잘 이해하고 함께 지내는 능력이 뛰어난 것을 말합니다. 주로 사람들과 직접적으로 부딪치는 일을 하는 경우가 많은데 교사, 치료사, 간호사, 비서, 상담사, 코치, 정치가, 행정가, 판매원, 전도사 등이 이런 유형에 속합니다. 예컨대 선생님이 학생을 싫어하면 교육이 이루어질 수가 없습니다. 특히 유치원 교사는 아이들을 많이 예뻐하는 사람에게 적합합니다.

사람의 마음을 잘 이해하고 사람을 잘 다루는 사람은 그런 능력을 타고났다고 할 수 있습니다. 태어날 때부터 그런 능력이 남보다 뛰어난 것입니다. 살아가면서 자꾸만 타인에게 관심을 보이는 사람은 인간친화지능이 높다고 할 수 있습니다.

정치가는 인간친화지능이 높을수록 성공할 가능성이 더 높아집니다. 정치가가 돈을 벌겠다거나 권력을 잡아 군림하겠다는 생각을 하면 국민들이 불행해집니다. 하지만 간디나 처칠, 루스벨트, 김구 선생처럼 국민을 위해 가난한 이웃을 위해 나를 희생하겠다는 생각으로 정치가가 되려는 사람이 있으면 국민은 행복해집니다.

언제나 국민을 위했던 간디의 수많은 일화 중에 한 가지만 소개하겠습니다.

어느 날, 간디가 개최한 회의에 일부 의원들이 지각하여 회의가 30분이나 늦게 시작되었습니다. 그러자 간디는 개회를 선포하기 전에 근엄한 목소리로 이렇게 의원들을 꾸짖었습니다.

"몇몇 사람의 게으름으로 인해 국민들이 간절히 원하는 인도의 독립이 30분이나 늦어졌소."

간디는 사사로운 권력을 위해 영국과 싸운 것이 아닙니다.

마더 테레사 수녀도 마찬가지입니다. 그녀는 죽어가는 사람들을 데려다 씻기고 먹이고 편안하게 죽을 수 있도록 도와주었습니다. 이 세상에서 가장 도움을 필요로 하지만, 누구도 도움을 주기 꺼려하는 사람들에게 도움을 준 것입니다.

사실, 삶에서는 시작 지점이 아니라 마지막에 어디에 서 있느냐가 중요합니다. 그런데 어떤 이유에서인지는 모르지만 죽음을 눈앞에 두고 있으면서도 편하게 누울 자리 하나 없다면 그 사람의 심정이 오죽하겠습니까. 마더 테레사 수녀는 그러한 상황에 처한 사람들을 돌보기 위해 평생 애쓰신 분입니다.

헬렌 켈러를 가르쳤던 애니 설리번 선생이나 김구 선생, 조만식 선생은 모두 사람을 불쌍히 여길 줄 알고 기꺼이 타인을 돕는 사람들이었습니다. 한마디로, 그들은 남이 행복해지는 것을 기뻐했습니다.

예컨대 길을 가다가 불쌍한 거지가 엎드려 동냥을 하면 사람들의 반응은 천차만별입니다.

"저 사람 왜 저래?" 하며 그냥 지나가는 사람이 있는가 하면 거지의 모습이 마음에 걸려 저녁 내내 밥도 못 먹고 그 사람을 동정하고 걱정하는 사람도 있습니다.

텔레비전을 보면 간혹 질병으로 고통 당하는 아이들이 가난 때문에 제대로 된 치료도 받지 못하고 누워 있는 장면이 나오거나, 노인들이 다 쓰러져 가는 집에서 변변히 먹지도 못하는 모습이 방영되기도 합니다. 그럴 때 얼른 전화기를 들어 모금운동에 동참하는 사람이 있는가 하면 그냥 무덤덤하게 보아 넘기는 사람도 있습니다.

타인을 걱정하고 염려하는 사람은 인간친화지능이 아주 높은 사람입니다.

논리수학지능

수학이나 논리적인 사고를 잘하는 사람이 여기에 해당됩니다. 보통 지능지수가 높은 사람은 이 지능이 높다고 할 수 있습니다. 대개 물체와 상징을 판단하면서 패턴과 범주관계를 탐색하는 능력, 논리적인 사고, 실험 능력이 뛰어나며 회계사, 통계학자, 변호사, 철학자, 과학자들이 대부분 이러한 지능이 높습니다.

예컨대 '인체는 우주의 축소판'이라는 주제를 설명하면서 평균 체중의 성인이 하루 동안 어떠한 인체 활동을 하는지 얘기한다고 합시다.

"성인의 심장은 103,689번을 뛰고, 피는 268,800,000킬로미터를 돕니다. 그리고 23,040번의 숨을 쉬며 약간 불필요한 말까지 포함하여 4,800

단어를 말합니다. 또한 750개의 근육을 빠르게 또는 천천히 움직입니다. 성인의 머리카락은 약 0.4밀리미터가 자라고 뇌세포는 7,000,000개가 움직입니다."

어떻습니까? 이 말이 한 번에 귀에 들어온다면 논리수학지능이 상당히 높다고 할 수 있습니다. 논리수학지능이 높은 사람은 일상생활에서도 숫자로 표현하거나 나타내야 더 쉽게 알아듣고 더 편하게 생각합니다.

사람에 대한 관심보다는 숫자로 앞뒤를 척척 꿰어 맞추는 능력이 더 뛰어나기 때문입니다. 아인슈타인, 장영실, 우장춘 등 많은 사람들을 위해 새로운 발명을 한 사람들은 대부분 이러한 지능이 높습니다.

언어지능

타인의 관심을 불러일으키고, 사람을 즐겁게 하고, 설득하고, 고무시키고, 정보를 전달하기 위해 언어를 사용하는 능력이 뛰어난 사람은 언어지능이 높습니다. 이러한 사람들은 글이나 언어로 사람들의 심금을 울리는 재주를 타고났다고 할 수 있습니다.

언어는 글로 쓰기도 하고 말로 하기도 합니다. 그 두 가지를 잘 하는 사람들을 두고 언어지능이 높다고 합니다. 예컨대 작가, 글 쓰는 사람, 판매원들은 언어지능이 높습니다. 만약 교사, 변호사, 기자, 방송인, 상담사들이 언어지능이 뛰어나다면 자기분야에서 성공할 확률이 높습니다.

사람들은 보통 하루에 30번 정도의 대화를 한다고 합니다.

남자는 하루에 2만 5천 마디를 하고 여자는 3만 마디 정도의 말을 하는데, 한 사람이 하루 동안 하는 말을 받아 적으면 50쪽 정도의 책 한 권이 되고 한 사람이 1년간 한 말은 400쪽짜리 책 45권 이상으로 엮을 수 있다고 합니다.

재치 있는 말로 상대방을 제압하거나 유명한 연설을 남겨 사람들에게 두고두고 귀감이 되는 사람 중의 하나가 바로 링컨입니다.

링컨이 상원의원에 입후보하여 더글러스 후보와 라이벌이 되었을 때의 일입니다. 하루는 두 후보의 합동선거연설이 있었는데 먼저 단상에 올라간 더글러스 후보가 갑자기 링컨을 향해 인신공격을 퍼붓기 시작했습니다.

"모 후보는 자신이 경영하던 식료품가게에서 공공연히 술을 팔았습니다. 술을 파는 것도 마시는 것도 모두 금지되었던 금주시대에 말입니다."

치명적인 직격탄을 맞은 순간에도 링컨은 별다른 반응 없이 조용히 앉아 있었습니다. 이윽고 말을 마친 더글러스가 만면에 웃음을 가득 머금고 단상에서 내려오자 링컨은 천천히 단상 위로 올라갔습니다.

"더글러스 후보의 말이 맞습니다."

링컨의 솔직한 말에 청중들은 안타깝다는 듯한 표정을 지으며 웅성거렸고 더글러스는 자신의 승리를 장담이라도 하듯 벌어진 입을 다물지 못하고 있었습니다.

청중들의 소란이 어느 정도 가라앉자 링컨이 말했습니다.

"더글러스 후보의 말은 모두 사실입니다. 하지만 제가 술을 팔던 무렵,

술을 가장 많이 사 간 단골손님이 바로 더글러스 후보입니다. 거의 유일한 단골손님이었죠. 문제는 저는 지금 장사를 안 하고 있지만, 그는 아직도 충실한 단골손님이라는 것입니다."

말문이 막힌 더글러스는 이번에는 화제를 돌려 링컨을 이중인격자라고 비난하였습니다.

"링컨 후보는 이중인격자입니다. 그는 하나의 얼굴이 아니라 두 개의 얼굴을 갖고 있습니다."

그 말을 들은 링컨이 말했습니다.

"저도 제 얼굴이 두 개였으면 좋겠습니다. 만약 제가 정말로 두 개의 얼굴을 가지고 있다면 오늘같이 중요한 자리에 다른 얼굴을 두고 하필 이처럼 못생긴 얼굴을 들고 나왔겠습니까?"

링컨의 재치 있는 말에 청중들은 그만 참지 못하고 폭소를 터뜨리고 말았습니다.

우리는 가끔 정적이 흐를 만큼 위기의 순간이나 어떻게 빠져나갈 여지가 없어 보이는 순간에도 재치 있는 말로 절묘하게 위기를 넘기는 사람을 봅니다. 특히 선거유세나 토론 프로그램을 보면 사람들의 인기를 한 몸에 받을 정도로 말을 잘하는 사람들도 있습니다. 그리고 막다른 곳에 몰려 있던 사람이 단 한마디로 전세를 역전시키는 순간, 왠지 속이 시원해지는 듯한 느낌을 받는 것이 사실입니다. 그러한 사람들은 언어지능이 높다고 할 수 있습니다.

역사적으로 언어지능이 높았던 사람을 꼽으라고 한다면 셰익스피어나 엘리엇, 박목월, 천상병, 황순원 같은 사람을 들 수 있습니다.

공간전환지능

보통 '공간지능' 이라고도 하는데, 공간전환지능이 높은 사람은 평면 지도를 보면서도 입체적으로 파악할 줄 알고, 앞에 있는 파이프를 보면 그 뒤에 파이프가 어떻게 연결되어 있는지 쉽게 알아냅니다.

화가나 조각가가 공간지능이 높은 사람입니다. 입체와 평면을 두루 파악할 줄 알기 때문입니다. 화가가 커다란 황소를 보고 그 특징을 잘 잡아 화폭에 알맞게 표현하는 것은 공간을 전환하는 능력이 뛰어나기 때문입니다. 등잔 밑이 어둡다는 말처럼 관점을 바꾸면 좀 더 많은 가능성을 볼 수 있습니다.

르네상스 시대에 이탈리아의 최고 미술가인 미켈란젤로가 하루는 한적한 길을 따라 산책을 하고 있었습니다. 그런데 그때, 길가에 있는 어느 집 정원 한구석에 커다란 돌이 아무런 쓸모없이 놓여져 있는 것이 눈에 띄었습니다.

'저렇게 멋진 재료가 쓸모없이 나뒹굴고 있다니!'

보통 사람의 눈에는 그저 평범하고 쓸모없어 보이는 커다란 돌에서 미래의 작품을 읽어낸 그는 주인을 찾아가 정중하게 부탁했습니다.

"정원의 한쪽에 있는 저 돌을 저에게 주실 수는 없겠습니까?"

"저렇게 쓸모없는 돌을 가져다 무엇에 쓰려고 하십니까?"

"아, 저 안에 예술이 갇혀 있습니다. 제가 그것을 자유롭게 풀어주고 싶습니다."

"그래요? 저는 잘 이해가 안 되는군요. 어쨌든 그 돌이 필요하다면 가져가십시오. 어차피 나에게는 쓸모도 없고 저렇게 정원만 차지하고 있으니……."

결국 미켈란젤로는 그 돌을 가져다 세계 최고의 조각품을 만들어냈습니다.

장인정신이 투철한 사람들은 공간전환능력이 뛰어납니다. 어쩌면 우리 조상 중에 공간전환능력이 뛰어난 사람이 많았기에 오늘날 우리가 수많은 문화유산을 물려받을 수 있었던 것인지도 모릅니다.

우리가 잘 알고 있는 아인슈타인이나 피카소 역시 다른 어떤 지능보다 공간전환지능이 높았다고 할 수 있습니다.

음악지능

음악을 즐기고 수행하고 작곡하는 능력을 음악지능이라고 합니다. 오케스트라의 연주자들, 작곡가, 합창단, 지휘자, 가수, 무용가 등이 이런 유형에 속합니다. 특히 무용가는 신체운동지능이 높으면서 음악지능도 높을 때 무용가로서 성공할 확률이 높습니다.

영화 〈아마데우스〉를 보면 정말로 기막힌 장면이 나옵니다.

다섯 살이 된 모차르트가 바람 부는 가을 날, 그 당시 상당히 유명한 작곡가였던 아버지와 함께 손을 잡고 공원을 걷고 있습니다. 그때, 스산한 바람에 나뭇잎이 우수수 떨어지는 소리를 들으며 모차르트는 멋진 악상을 떠올립니다.

그리고 모차르트는 집에 도착하자마자 피아노 앞에 앉아 아까 아버지와 손을 잡고 걸으며 들었던 멋진 자연음을 그대로 옮깁니다. 그러자 아버지가 묻습니다.

"그게 어떤 곡이냐?"

"아까 공원에서 못 들으셨어요? 아버지와 함께 공원을 거닐 때 이런 음악소리가 들려오던데……."

그러나 아버지는 도저히 이해하지 못합니다. 다섯 살짜리 모차르트는 천재적 재능을 타고났기 때문입니다. 공원을 거닐면서 나뭇잎이 떨어지는 소리가 멜로디가 되어 모차르트의 머릿속으로 들어가는 그 순간에도 유명한 작곡가였던 아버지의 귀에는 아무것도 들리지 않았습니다. 그만큼 모차르트는 훌륭한 음악지능을 타고났던 것입니다.

유명한 가야금의 명인 황병기나 작곡가 홍난파, 안익태는 다른 사람들보다 음악지능이 높은 사람들입니다.

자연친화지능

자연세계에 대한 민감성, 식물이나 동물을 이해하고 과학적 연구나 활동에 몰두하는 능력을 자연친화지능이라고 합니다. 식물학자, 동물학자, 과학자, 조경사는 모두 자연친화지능이 높은 사람으로 파브르나 찰스 다윈이 대표적입니다.

여러분 중에 어떤 사람은 틈만 나면 PC방이나 노는 일에 신경을 쓰지만, 또 어떤 사람은 강이나 산, 바다로 가서 자연과 더불어 지내기를 좋아하는 사람도 있을 것입니다. 그런 사람들은 태어날 때부터 기본적으로 자연과 친숙하고 자연 속에 있으면 편안해지는 능력을 타고난 것입니다.

또한 1년 내내 눈보라가 몰아치는 높은 산을 정복하기 위해 등반에 나서는 사람들을 보면서 이상하다는 생각을 하는 사람들도 많습니다. 그들은 등반에 나섰다가 동상으로 발가락이 잘리기도 하고 혹독한 추위 속에서 극한의 고통을 겪기도 하며 심지어 눈사태에 파묻혀 영영 돌아오지 못하기도 합니다.

그런 고난과 위험을 알면서도 그들은 여전히 산에 오릅니다. 보통 사람들은 그런 사람들을 보면서 '왜 저렇게 사서 고생을 하지?'라고 의문을 갖기도 합니다. 하지만 그들은 등반을 즐기고 좋아하기 때문에 '그럼에도 불구하고' 산에 오르는 것입니다.

그들은 흔히 "산이 나를 부른다."라고 말합니다. 실제로 가슴 깊숙한 곳에서부터 자연에 대한 관심과 흥미가 일어나고 자연이 부르는 소리가 들리는 사람이 있습니다. 그런 사람이 주로 북극이나 아프리카 같은 오지를 탐험하는 것입니다.

자신의 타고난 색깔 찾기

여덟 가지 지능 모두에 관심이 있는 사람은 그다지 많지 않습니다. 사람마다 특별히 더 많은 관심을 보이는 분야가 반드시 있게 마련입니다. 그래서 우리나라 청소년들은 어떤 지능에 더 높은 반응을 보이는지 알아보기 위해 설문조사를 했습니다. 중고등학생 2~3천 명을 대상으로 여덟 가지 다중지능에 대한 관심도와 지능분포를 살펴본 결과 가장 높게 나온 것은 대인지능, 즉 인간친화지능이었습니다. 우리나라의 중고등학생들은 사람과 관련된 지능이 가장 높았고 그 다음이 언어지능이었습니다. 그리고 가장 낮은 지능은 음악지능과 자연친화지능이었습니다.

자신의 능력을 개발하라

여러분의 내면에 있는 능력을 찾아내 관리하십시오. 이 세상에 여러분과 똑같은 사람은 단 한 명도 없습니다. 마찬가지로 여러분이 타고난 재능은 분명 다른 사람과 다릅니다. 그러니 그것을 찾아내 개발해야 합니다.

여러분 속에 숨겨진 아름다운 무지개 색의 능력을 폭죽처럼 화려하게 터뜨려야 합니다. 이는 다른 누군가가 대신 해줄 수 없는 일입니다. 여러분의 폭죽은 스스로 터뜨려야 합니다.

자신의 능력을 개발하는 가장 좋은 방법은 책을 많이 읽는 것입니다. 자기 능력의 색과 비슷한 색을 지닌 과거의 사람이 어떻게 살았는지, 무슨 생각을 했는지를 알면 여러분에게 많은 도움이 됩니다. 그러니 여러분 자신의 직접 경험과 더불어 간접 경험을 쌓기 위해 독서를 많이 하십시오.

인생이라는 학교에는 졸업이 없습니다. 평생 동안 손에서 책을 놓지 않겠다는 결심을 하고 실천해야 합니다. 에디슨은 평생 수많은 책을 읽은 것으로 유명합니다. 그는 한 번 책에 빠져들면 책이

1미터 혹은 1.5미터까지 쌓일 정도로 독서에 열중했다고 합니다.

중국의 시인 두보도 독서에 대해 이렇게 말하고 있습니다.

"만 권의 책을 읽으니 마치 신들린 것처럼 글이 잘 써진다."

여러분은 앞으로 점점 더 여러분의 색을 확실하게 만들어가야 합니다. 이미 여러분 내면에 타고난 재능이 있는데 왜 그것을 활용하지 못합니까! 자신의 무지개를 그냥 소진하지 말고 점점 더 화려하게 여러분 속에서 폭발하도록 만들어야 합니다.

여러분의 가능성을 최대로 끌어올린 폭죽을 하늘로 쏘아 올린다면 여러분이 원하는 멋진 형상으로 빛날 것입니다.

●● Tip for Leadership

다중지능을 높이는 다양한 실천방법
– 《지력혁명》(문용린, 비즈니스 북스) 참고

- **언어지능**
  1. 아이디어, 생각, 정서 등을 글이나 말로 표현하기 위해 노력한다.
  2. 부모의 경우, 처음엔 어설프겠지만 동화를 직접 지어내 자녀에게 정기적으로 구연한다.
  3. 각자 글을 읽고, 여럿이 모여 자신이 읽은 것을 이야기해본다.
  4. 이벤트나 워크숍 등에서 발표할 수 있는 기회를 갖는다.

- **공간전환지능**
  1. 장소·건물 등으로 사물과 인물을 연상해 기억하는 습관을 들인다.
  2. 정보를 그림이나 도표로 풀어내 다른 사람에게 자주 설명한다.
  3. 상식적으로 허락되는 선에서 보고서 등의 문서를 최대한 시각적으로 표현해 본다.
  4. 자기 취미가 아니더라도 가끔씩 그림 또는 조각 전시회 등에 가서 심미안을 높인다.

- **논리수학지능**
  1. 정보와 자료 등을 일정한 기준에 따라 분류하는 작업에 앞장선다.
  2. 자신의 직무와 관련되는 수리, 계산 업무를 동료에게 배운다.
  3. 각 정당이 발표하는 정치적 주장의 진위와 배후 의도 등을 깊이 따져본다.
  4. 투자자가 아니더라도 두뇌 훈련 차원에서 주식 시장의 세부 동향을 주시해본다.

- **신체운동지능**
  1. 조깅이나 걷기 말고 다소 복잡한 동작과 기술을 요하는 레저 스포츠를 익힌다.
  2. 영업 활동 등을 위해 제스처 등의 활용법을 고안해 실천해본다.
  3. 아이디어, 사고, 정서를 표현할 때 신체를 이용한다.
  4. 효율을 고려하되 업무상 움직일 일은 직접 움직여 처리한다.

• **음악지능**
  ① 사건과 인물, 감정과 추억 따위를 음악과 결부하여 기억한다.
  ② 노래 또는 악기 연주 동아리나 취미 클럽 등에 가입해 활동한다.
  ③ 음악감상에 몰입한다. 취미는 종종 재능을 발견하는 계기가 된다.
  ④ 음악과 동작이 결합된 형태의 운동 한 가지에 취미를 붙인다. 요즘엔 종목 선택의 폭도 넓어졌다.

• **인간친화지능**
  ① 조직 내에서의 의사소통, 비즈니스 상의 설득과 교섭에 적극적으로 나선다.
  ② 취향이 맞는 사람과 공통의 문화적 경험을 많이 쌓는다.
  ③ 다른 사람의 신념, 가치 등을 이해한다.
  ④ 다른 사람의 말을 끝까지 경청하는 태도를 기른다.

• **자기성찰지능**
  ① 자기계발을 위한 계획을 세우고, 그 실천 여부를 스스로 점검한다.
  ② 자신의 또 다른 면을 알아보는 심리검사를 해본다.
  ③ 자신을 홍보하는 광고를 만들거나 자서전을 쓴다.
  ④ 정신세계와 관련된 모임이나 종교적인 모임에 참여한다.

• **자연친화지능**
  ① 산에 오르거나 특이한 자연현상이 있는 곳에 가보고 그 경험을 기른다.
  ② 가족들과 함께 가는 개펄 탐사, 별자리 보기, 야외 이벤트 같은 기회를 자주 만든다.
  ③ 아이들은 개미 등 작은 벌레에 관심이 많다. 자신이 언제부터 그 관심을 잃어 버렸는가를 상기해본다.
  ④ 아름다운 자연풍경을 담은 사진 등을 자주 감상한다.

3 목표지향 리더십

태양열을 모으는 렌즈처럼 꿈을 향해 열정을
쏟아라_이시형

경북대학교 신경정신과학 박사
미국 예일 대학교 신경정신과학 박사
현 동남신경정신과 전문의
현 삼성사회정신건강연구소 소장

달을 향해 화살을 쏴라

어떤 꿈이 있습니까?

20세기 정치사에서 아주 유명한 인물인 영국의 처칠 수상이 열 살이 되었을 무렵, 하루는 아버지와 함께 수상관저 앞을 지나가게 되었습니다.

"아빠, 이 집 좀 보세요. 집이 굉장히 멋있어요. 우리도 이런 집에서 살면 안 될까요?"

"그래, 아주 멋있지? 꼭 살아보고 싶은 집이구나."

처칠의 아버지는 아들의 말에 고개를 끄덕이고는 아들과 함께 그 집 앞에서 사진을 찍었습니다. 그리고 사진을 크게 뽑아 아들의 방에 걸어주며 말했습니다.

"이 집이 바로 네가 커서 살 집이란다."

그렇게 처칠은 미래에 자신이 살 집을 늘 마음속에 그리며 수상이 되는 꿈을 키워나갔습니다.

여러분은 어떤 꿈을 가지고 있습니까? 지금의 어른들이 어렸을 때는 보통 대통령이나 장군 되는 게 꿈이었지만, 요즘 아이들은 탤런트나 스포츠맨 등 많은 사람들의 주목을 받거나 유명한 스타가 되는 꿈을 꿉니다.

저는 어렸을 때, 빵집에 취직하는 것이 꿈이었습니다. 학교 가는 길에 '이마사까'라는 빵집이 있었는데 지나갈 때마다 빵 굽는 냄새가 어찌나 구수하던지……. 그래서 저는 학교만 졸업하면 빵집에 취직해서 빵 한번 실컷 먹어보겠다는 꿈을 꾸게 되었습니다. 물론 저는 학교를 졸업한 후에 빵집에 취직하지 않았습니다. 그래도 어릴 적 꿈 때문인지 단팥빵을 무척이나 좋아합니다.

꿈은 항상 그 자리에

누군가가 갑자기 "꿈이 무엇입니까?"라고 물어오면 사람들은 대부분 몹시 당황합니다. "내 꿈은 이렇습니다."라고 확실하게 대답할 수 있는 사람은 별로 많지 않습니다. 어찌 보면 그것이 정상인지도 모릅니다.

꿈이라는 것은 마치 저 멀리 보이는 산꼭대기와도 같습니다. 맑은 날에는 산꼭대기가 잘 보이지만, 흐린 날에는 전혀 보이지 않습니다. 하지만 그곳에 내 꿈이 있다는 것을 믿는 이상, 절대로 그 꿈은 다른 데로 가지 않습니다. 항상 그 자리에 있는 것이 꿈입니다.

요즘은 기회가 매우 풍부한 시대입니다. 10대 초반이나 20대에 벌써 성공스토리를 들려줄 만큼 성공한 사람들도 많습니다. 한마디로, 행운아라고 불릴 수밖에 없는 그들은 패션모델, 텔레비전 스타, 탤런트, 가수, 스포츠맨 등으로 화려한 스포트라이트를 받으며 세상 사람들의 이목을 집중시키고 있습니다. 덕분에 오늘날을 살아가는 수많은 어린이나 청소년들은 그들처럼 성공하기를 꿈꾸며, 상대적으로 초라한 자기 자신에게서 탈출하기 위해 그들을 모방합니다.

저마다 다르게 피어나는 꿈

'아, 보아는 벌써 그 나이에 움직이는 중소기업이라는데……. 대체 난 뭘까!'

아마도 많은 청소년들이 이런 생각을 하고 있을 것입니다. 그러나 조금도 실망할 필요가 없습니다. 사람은 저마다 재능이 피어나는 시기가 다르기 때문입니다. 10대 초반에 재능을 꽃피우는 사람이 있는가 하면, 40대나 50대가 되어서야 비로소 자신의 재능을 꽃피우는 사람도 있습니다.

동시에 뿌린 씨앗들도 저마다 싹을 틔우는 시기가 다르듯 사람마다 재능이 발휘되는 시기 또한 다를 수밖에 없습니다. 여름 내내 뜨거운 뙤약볕 밑에서 온갖 먼지를 뒤집어쓰는 아픔을 견뎌내고 가을에 애잔한 꽃을 피우는 코스모스처럼 어려움을 이겨내고 재능을 발휘하는 사람이 있는가 하면, 모든 것이 추위에 움츠러들고 있는 순간에 눈 속에서 눈이 시리도록 맑게 피어나는 매화처럼 개성적인 사람도 있습니다.

재능을 꽃피우는 시기는 그리 중요하지 않습니다.

문제는 그 재능이라는 것을 발견하기가 상당히 어렵다는 데 있습니다. 따라서 자신이 좋아하는 것, 원하는 것을 꿈으로 삼되 가능한 한 멀리 바라보는 것이 좋습니다.

더 멀리, 더 높이, 더 크게

달을 향해 화살을 쏘면 달을 맞힐 수는 없을지언정 최소한 커다란 나무 끝을 맞힐 수는 있습니다. 그러나 나무 끝을 바라보고 화살을 날리면 나무 끝은커녕 중간 가지에 화살이 꽂히고 말 것입니다. 그러니 꿈은 가능한 한 크고 높게 가져야 합니다.

어떤 사람은 하나의 꿈을 위해 평생을 바치기도 합니다.

호메로스의 〈일리아드〉를 읽고 트로이의 유적이 땅에 묻혀 있으리라고 확신한 독일의 슐리만은 그 유적을 찾겠다고 결심했습니다. 그리고 오로지 자신의 꿈을 이루기 위해 살았습니다.

'호메로스의 시는 분명 사실일 거야. 내가 그것을 꼭 밝혀내고야 말겠어.'

가슴 속에 분명한 목표를 세운 슐리만은 좀 더 많은 자료를 찾고 분석하기 위해서는 먼저 고문서를 해독할 수 있어야 한다는 것을 깨달았습니다. 하지만 먹고살 기반 또한 있어야 했습니다. 그래서 그는 잡화점의 점

원으로 취직했고 돈을 벌면서 틈틈이 어학공부를 하였습니다.

그러던 어느 날, 우연히 무역회사에 다니는 사람의 눈에 띄어 어학실력을 인정받아 무역회사에 스카우트 되었고, 그때부터 어학실력이 더욱더 향상된 것은 물론 많은 돈도 벌 수 있었습니다. 한마디로, 일을 통해 어학실력도 쌓고 돈도 버는 일석이조의 효과를 얻은 격이었습니다.

42세가 된 슐리만은 마침내 충분한 어학실력과 경제력을 갖추게 되었고 나머지 인생을 오로지 자신의 꿈에 쏟아 붓겠다는 결심을 다지게 되었습니다. 평생 '유적 발굴'을 꿈꾸었던 그는 고문서 해독능력과 경제력 그리고 시간까지 모든 충분조건을 갖추게 되자 바로 꿈을 향해 전력질주를 했던 것입니다.

물론 쉬운 일은 아니었습니다. 수많은 시행착오와 좌절, 고통이 끊임없이 그를 옥죄었습니다. 하지만 그 어떤 것도 인생을 건 그의 강한 집념을 당해내지 못했습니다. 온갖 고생 끝에 슐리만은 마침내 어둠 속에 묻혀 있던 트로이의 유적을 찾아냈습니다. 찬란한 문화유산을 보면서 그는 뜨거운 눈물을 흘렸습니다.

"드디어 해냈어!"

고여 있는 물은 썩게 마련입니다. 마찬가지로 꿈을 향해 움직이지 않는 사람의 인생은 썩을 수밖에 없습니다. 꿈이 없으면 자아실현도 없고 인생의 보람 또한 느낄 수 없습니다.

꿈을 포기하는 것은 행복을 포기하는 것과 같다

사람이 꽃보다 아름다운 이유

사람은 하고 싶은 게 있어야 살맛이 나는 법입니다. '하고 싶은 것' '원하는 것'이 바로 사람을 움직이는 힘이기 때문입니다.

심리학자인 레윈은 이렇게 말했습니다.

"사람은 미래에 대한 꿈이 없을 때 의욕이 생기지 않는다."

레윈은 커다란 어항을 준비한 다음 어항 속에 작은 물고기와 커다란 물고기를 함께 넣어두었습니다. 하지만 채 하루도 못 가 작은 물고기는 커다란 물고기의 밥이 되고 말았습니다. 그래도 그는 며칠 동안 계속해서 작은 물고기를 어항에 넣었습니다. 당연히 작은 물고기는 큰 물고기의 밥이 될 수밖에 없었습니다.

며칠 후, 그는 어항 한가운데에 유리판을 넣어 벽을 만들고 한쪽에는 큰 물고기 그리고 다른 쪽에는 작은 물고기가 살도록 했습니다. 그리고 한동안 물고기들은 그렇게 격리되어 지냈습니다. 그러던 어느 날, 레윈은 갑자기 유리판을 치워버렸습니다.

작은 물고기는 과연 어떻게 되었을까요? '마파람에 게 눈 감추듯' 큰 물고기가 작은 물고기를 먹어치웠을까요?

아닙니다. 큰 물고기는 작은 물고기가 눈앞에서 유유히 돌아다니는데도 잡아먹지 않았습니다.

이 실험은 일정기간 욕구불만이 지속되면 욕구 자체가 사라진다는 사실을 증명하고 있습니다. 마찬가지로 사람은 누구나 꿈을 가지고 있지만 그 꿈을 실현할 수 없는 환경 속에서 오랫동안 살다 보면 꿈과 의욕을 모두 잃어버리고 맙니다. 그렇기 때문에 언제나 꿈을 일깨우고 의욕을 북돋울 수 있는 동기를 부여해야만 합니다.

여러분은, 정말로 휴대전화를 갖고 싶은데 부모님이 안 사주면 어떻게 합니까? 아마도 아르바이트를 해서라도 기어이 사고 말 것입니다. 뭔가 하고 싶고 갖고 싶은 것이 있다는 의욕은 참으로 아름다운 것입니다. 그런 이유로 '희망'이나 '꿈'은 사람을 움직이는 그리고 인간을 꽃보다 아름답게 만드는 힘이 아닐 수 없습니다.

미국에서 소위 자기 분야에서 성공했다는 사람들 500명을 상대로 설문조사를 한 적이 있습니다. 그랬더니 그들 중 대다수가 30대 중반에 지금 하고 있는 일을 시작한 것으로 밝혀졌습니다. 그 전에는 그들도 별 볼일 없었단 말입니다. 이것도 해보고 저것도 손대면서 제 길을 찾지 못하고 방황했던 것입니다.

그러니 현재 청소년기에 있는 여러분에게 꿈이 잘 보이지 않는다고 해서 이상할 것은 없습니다. 산꼭대기는 잘 보이는 날도 있고 잘 보이지 않는 날도 있게 마련입니다.

서둘 필요는 없다

꿈을 만나는 데도 타이밍이 있습니다. 예컨대 기획, 정보, 관리, 경영, 인사 같은 일은 40대 전에 꽃피우는 재능이 아닙니다. 40세가 되기 전에는 그런 능력을 발휘할 기회가 좀처럼 찾아오기 힘듭니다. 사실 30대 중반이 되기까지는 자신에게 어떠한 재능이 숨어 있는지 알아내기가 여간 어려운 게 아닙니다. 그러니 그 이전에 꿈을 포기하거나 실망하지는 마십시오.

다만 자신과 꼭 맞는 꿈을 만나기 위해 이것도 해보고 저것도 해보면서 나만의 꿈을 찾아야 합니다. 시도를 많이 하면 할수록 자신에게 어떤 능력이 있는지 빨리 찾아낼 수 있고, 정말로 하고 싶은 일이 무엇인지 알게 됩니다.

누구든 남보다 뛰어난 재능은 꼭 한 가지씩 갖고 있게 마련입니다. 믿으십시오. 여러분이 꿈을 향해 전진하는 힘찬 발걸음 앞에 그 재능은 반드시 제 모습을 드러낼 것입니다.

야구에서 '3할의 예술'이라는 말을 들어본 적이 있을 겁니다. 야구선수는 평균 10번 중 3번만 쳐내도 훌륭한 선수로 평가받는다는 사실을 항상 염두에 두십시오. 그리고 자신의 꿈에 조금은 여유를 두십시오. 100퍼센트 완벽한 인간은 존재하지 않습니다.

더욱이 여러분은 앞으로 100년을 살아야 할 사람들입니다. 어쩌면 120년까지 살아야 할지도 모릅니다. 급하게 서둘 필요가 없습니다.

꿈을 향해 천천히 나아가다 보면 분명 여러분이 원하는 일, 가고 싶어하는 길이 나타날 것입니다. 너무 급하게 서둘지 마십시오. 희망과 비전과 믿음을 갖고 앞으로 나아가십시오.

포기하지만 않으면 언젠가는 여러분의 꿈이 눈앞에 나타날 것입니다. 그렇다고 두 손 놓고 기다리고만 있으면 안 됩니다. 기회라는 것은 마냥 기다리는 사람은 비껴가지만 적극적으로 찾아나서는 사람에게는 꼼짝없이 걸려들게 되어 있습니다.

하늘은 스스로 돕는 사람만 돕는다

바람이 불지 않으면 요트는 절대로 움직이지 않지만, 바람이 안 분다고 해서 그냥 맥없이 앉아 있으면 안 됩니다. 지금 바람이 불지 않더라도 바람이 불어오면 즉시 떠날 수 있도록 닻을 올리고 만반의 준비를 해두어야 합니다.

인생의 묘미란 진흙 속에서 진주를 발견하는 데 있습니다. 보이지 않던 것을 스스로 찾아낼 때 기쁨을 얻게 됩니다. '할 수 없다'는 강박관념에 사로잡혀 있으면 그 무엇도 해낼 수 없습니다. 무엇보다 스스로 해보겠다는 결심을 하는 것이 중요합니다.

한 마부가 좁은 진흙길을 지나가다가 실수를 하여 진흙 속에 바퀴가 빠지고 말았습니다. 마차가 꼼짝도 하지 않자 마부는 마차에서 내려 무릎을 꿇고는 기도를 올렸습니다.

"하느님, 제발 바퀴가 진흙 속에서 나오도록 해주십시오."

그러자 마부의 기도를 들은 하느님이 말했습니다.

"이 게으른 마부야, 네 어깨를 바퀴에 대고 힘껏 밀어보아라. 그래도 안 된다면 내가 도와주마."

하늘은 스스로 일어서고자 애쓰는 사람만 돕는다는 사실을 명심하십시오.

마음은 꿈을 향해 움직인다

꿈을 이루기 위한 세 가지 조건

메트로폴리탄 밀워키의 YMCA 모토는 우리로 하여금 많은 것을 생각하게 합니다.

> "당신의 사고를 관찰하라. 그러면 그것은 말로 변할 것이다.
> 당신의 말을 관찰하라. 그러면 그것은 행동으로 변할 것이다.
> 당신의 행동을 관찰하라. 그러면 그것은 습관으로 변할 것이다.
> 당신의 습관을 관찰하라. 그러면 그것은 개성으로 변할 것이다.
> 당신의 개성을 관찰하라. 그러면 그것은 당신의 운명이 될 것이다."

꿈도 마찬가지입니다. 계속해서 꿈을 떠올리면 어느새 마음도 그리로 움직이고 더불어 행동 또한 마음을 따르게 됩니다. 어떤 고난과 고통에 놓일지라도 가야 할 길이 분명한 사람은 힘차게 그 길을 걷습니다.

일단 여러분이 확실하게 내 꿈이다 싶은 것을 만나게 되면 그때부터는 정말로 가슴이 두근거리고 꿈을 위해 애쓰지 않으면 잠시도 가만히 있지 못하게 됩니다. 공연히 흥분이 되어 그간 생각지도 못했던 초인적인 능력을 발휘하기도 합니다.

여러분 모두 그러한 힘을 지니고 있습니다.

"나는 할 수 있어. 내 꿈은 전혀 엉터리가 아니야."

이렇게 외치고 결의를 다지는 순간, 그때부터 사람은 무서운 저력을 발휘하게 됩니다. 우리가 꿈을 이루려면 다음 세 가지가 꼭 필요합니다.

첫째, 꿈을 믿어야 합니다.
둘째, 꿈을 향한 강한 집중력이 있어야 합니다.
셋째, 끈기 있게 꿈을 향해 나아가야 합니다.

노력 없이는 아무것도 얻을 수 없다

'20세기의 발명가' 하면 가장 먼저 떠오르는 에디슨은 무서울 정도로 노력을 기울인 인물입니다. 그는 한 번 실험을 시작하면 그야말로 침식을 잊을 정도로 실험에 몰두했습니다. 그에게 장애가 되는 것은 날이 저물어 찾아오는 어둠뿐이었습니다. 날이 저무는 것조차 아까워하던 그는 결국 전등을 발명하였고, 또 다른 연구를 위해 밤늦도록 연구에 매달렸습니다. 실제로 초등학교조차 제대로 졸업하지 못한 에디슨이 세기의 발명가로 불리게 된 까닭은 바로 그러한 노력 때문입니다.

걷지 않으면 단 1미터도 나아갈 수 없습니다. 꿈이 있어도 그에 필요한 노력이 뒤따르지 않으면 아무것도 얻지 못합니다. 장애물이 나타나면 방향만 바꾸면 됩니다. 설령 성공 가능성이 단 1퍼센트일지라도 끝까지 노력해야 합니다. 되고 안 되고는 오직 신만이 알 수 있는 일입니다.

인간은 꿈을 좇는 생물체입니다.

여러분의 잠재의식 속에는 꿈의 실현을 향해서 기능하는 어떤 스위치 같은 것이 있습니다. 그렇기 때문에 꿈이 결정되고 그 길로 들어섰다고 생각하는 순간, 무서운 능력이 발휘됩니다. 어찌 보면 인간을 움직이는 힘은 내면에서부터 나오는지도 모릅니다. 뭔가가 하고 싶으면 정말 신통하게도 그쪽으로 이끌리게 되는 힘, 이것이 흔히 말하는 의식과 잠재의식의 교감입니다.

어쨌든 내가 잘하는 일, 좋아하는 일, 또 간절히 원하는 일에 나의 능력이 숨어 있는 것이며, 그것이 정말로 내 꿈을 만드는 기반이 됩니다. 어떤 축구선수는 우연히 길을 가다가 다른 사람들이 신나게 축구하는 모습이 너무 좋아 보여 축구를 시작하게 되었다고 합니다.

성공을 부르는 습관

꿈은 갖는 것만으로도 축복이고 행운입니다.

꿈을 갖는 그 순간부터 우리의 마음속에서는 플러스사고가 일어납니다. 모든 생각이 긍정적인 쪽으로 흘러가는 것입니다.

꿈이 있으면 우리는 꿈을 좇게 되고 꿈을 좇으면 엔도르핀이라는 긍정적 호르몬이 분비되며, 그러면 주의를 집중하게 되고 점점 꿈이 무르익게 됩니다. 자신도 모르게 그렇게 되는 것입니다.

진정, 하고 싶은 일에 집중해보십시오. 그러면 시간이 언제 어떻게 흘러갔는지조차 알지 못하게 될 것입니다. 그렇게 뭔가에 집중해서 성공을 이뤄냈다고 생각해보십시오. 그 성취감이라는 것은 말로 표현하기조차 어려울 만큼 달콤합니다. 한번 그러한 성취감을 맛보면 계속해서 뭔가에 도전하고 싶은 욕망이 일어나고 그것

이 반복되면 습관으로 자리 매김을 합니다.

한마디로, '성공습관'을 갖게 됩니다. 작은 일에 성공하면 그보다 더 큰 일 그리고 또 다시 그보다 더 큰 일에 도전하면서 자꾸만 꿈이 커지고 더불어 성취감도 높아져 아주 익숙한 습관이 됩니다.

작은 것일지라도 일단 해내면, 계속해서 하고 싶은 자신감이 생기고 기분도 좋아지며 새로운 일에 도전하고 싶은 진취적인 의욕이 생깁니다. 여러분 자신을 과소평가하지 마십시오.

슈퍼맨의 비애

못생기고 작은 체구로 친구들에게 그다지 인기가 없었던 제리 시겔은 늘 공상에 빠져 지냈고, 그와 비슷한 처지에 있던 조 슈스터 역시 그림 그리는 일에만 몰두하며 함께 청소년기를 보냈습니다.

"조, 내가 멋진 이야기를 하나 생각해봤는데 네가 그림으로 그려봐."

"그래? 어디 한 번 얘기해봐."

"어떤 이야기냐면……."

제리는 멸망한 행성 크립톤에서 태어난 주인공이 아기였을 때 우주선에 실려 지구에 도착하게 되고, 중동의 어느 지역에서 마침 아이가 없던 노부부에 의해 길러지는 상상 속 이야기를 들려주었습니다. 그리고 성장한 소년은 조금은 우둔해 보일 정도로 착한 신문기자로 일하며 자신의 초능력을 감추고 있다가 어디선가 누군가에게 무슨 일이 생기면 그야말로 '짜자잔' 하며 나타나 문제를 해결하는 정의의 사도가 되었습니다.

"좋아. 아주 재미있는데? 그럼 내가 그림으로 한번 그려볼게."

조는 주인공에게 빨간 망토가 달린 파란 스키복을 입히고 옷 위에 주인공의 이름, 즉 슈퍼맨을 상징하는 'S' 자를 넣어 삼각문양을 만들었습니다.

드디어 고등학교를 졸업한 그들은 창작활동에 열을 올려 슈퍼맨 이야기를 완성했는데, 수많은 출판사에게서 출판을 거절당하자 완전히 의욕을 상실하고 말았습니다. 그러던 중 DC 코믹스라는 출판사의 사장이 그들의 원고와 그림을 보게 되었는데, 이야기에 푹 빠져든 그는 그 자리에서 슈퍼맨 캐릭터의 독점판매권을 사버렸습니다.

청소년 시절부터 공상과 그림으로 열심히 캐릭터를 만들어온 제리와 조는 자신들의 창작품이 어느 정도의 가치가 있는지 알지 못했습니다. 그들은 단돈 130달러, 우리 돈으로 치면 대략 13만 원에 작품을 넘겨버렸습니다. 그 이후, 슈퍼맨은 공전의 히트를 기록하였고 DC 코믹스 사장은 엄청난 부를 거머쥐게 되었습니다.

항상 자신의 가능성을 생각하십시오. 미처 제 자신의 가치를 알지 못했던 제리와 조는 평생 고생만 하다가 쓸쓸히 죽었으나, DC 코믹스 사장은 일일이 셀 수조차 없는 돈을 벌어 떵떵거리며 잘 살았고 그 후손들까지 잘 먹고 잘 살고 있습니다.

아름다운 중독

인생의 무한한 가능성은 자신의 역량에 알맞은 진지한 자세로 한 단계 한 단계 살아나감으로써 펼쳐집니다. 꿈에 중독되십시오.

자동차왕 헨리 포드는 꿈을 향해 나아가는 지침으로서 다음과 같은 것들을 들고 있습니다.

첫째, 서두르지 않고 일의 순서를 정해 차근차근 처리한다.

둘째, 새로운 일을 시작할 때는 최대한 간접경험을 습득한다.

셋째, 설령 일이 뜻대로 되지 않을지라도 끝까지 해보려는 의지를 불태우며 실천한다.

넷째, 자신의 능력을 의심하지 않는다.

여러분 자신을 믿고 마음을 믿으십시오. 결정하기 힘든 일에 부딪혔을 때는 마음을 따르는 것이 가장 정확하다고 합니다. 중요한 것은 힘이 드는 만큼 그만한 대가가 반드시 있다는 사실입니다.

꿈이라는 별은 항상 여러분 곁에서 반짝이고 있습니다.

가끔은 더 큰 것을 얻기 위해 현재 서 있는 자리까지 비워야 할 때도 있습니다. 때로는 꿈을 오래 붙들고 있기가 힘들 때도 있습니다. 그렇기 때문에 꿈과 이상을 지닌 사람을 위대하다고 말하는지도 모릅니다. 커다란 상수리나무도 처음에는 작은 도토리였습니다. 꿈이라는 씨앗을 잘 품어 커다란 상수리나무처럼 자라십시오.

세상에는 모험을 하는 천재보다 평범한 보통 사람이 끈기와 인내로 성공한 경우가 더 많습니다. 자, 여러분의 가슴 속에 들어 있는 꿈의 씨앗을 싹 틔울 준비를 하십시오.

무한한 가능성의 10대

자신감과 자기암시

자신의 내면에서부터 열정의 불꽃이 타오르도록 하려면 어떻게 해야 할까요? 무엇보다 여러분 자신을 믿어야 합니다. 다시 말해 자신감이 필요합니다.

《놓치고 싶지 않은 나의 꿈, 나의 인생》의 저자인 나폴레온 힐은 자신감을 기르기 위해 다음과 같이 자기암시를 하라고 말합니다.

> "첫째, 나에게는 훌륭한 인생을 구축할 능력이 있다. 그러므로 나는 절대로 도중에 그만두지 않는다.
> 둘째, 무엇이든 내가 마음속으로 강하게 원하는 것은 반드시 실현되리라고 확신한다.
> 셋째, 매일 10분 이상 정신을 집중하여 자신감을 기르기 위한 자기암시를 한다. '나는 할 수 있다.' '나는 해낼 수 있다.' 라고 반복해서 되뇐다.
> 넷째, 꿈을 구체적으로 종이에 기록한다.
> 다섯째, 자신감을 가지고 한 발 한 발 꿈을 향해 나아간다."

자기암시는 하루에 보통 3천 번 정도 하는 것이 좋다고 합니다. 한 번에 5초 정도 걸린다고 치면 1분에 12번을 할 수 있는 셈이므로, 5분 동안 자기암시를 하면 60번의 자기암시를 할 수 있게 됩니다. 이렇게 50번을 하면 3천 번은 거뜬히 해낼 수 있습니다.

만약 여러분이 하와이에 가고 싶다는 꿈이 있다면 정말로 하와이행 비행기에 탄 것처럼 느껴보십시오. 아니, 이미 하와이에 도착해서 아름다운 풍경과 맛있는 요리를 맛보고 있는 자신을 상상해 보십시오. 마음속으로 꿈을 이룬 자신의 모습을 상상할 수 있어야 합니다.

성공한 자기 자신을 영상화하십시오. 성공한 내 모습을 그려보는 것입니다. 한 번도 성공한 적이 없어서 잘 안 그려진다면 다른 성공한 모델을 상상하는 것도 좋습니다. 성공한 모델을 떠올리면 성공한 자신의 이미지를 그리기가 한결 쉽습니다.

일단 목표가 정해지면 70퍼센트는 이룬 것이나 마찬가지입니다. 제 주장이 아니라 대뇌생물학자의 말입니다. 꿈이 확실해지고 성공한 모습을 그릴 수 있다면 목표로 한 꿈의 70퍼센트는 도달한 것이나 마찬가지란 얘깁니다.

일단 성공한 자신을 상상하면 성취감이 느껴지면서 기분이 좋아지고 하고 싶은 자신감이 생기면서 아주 긍정적인 호순환이 일어나게 됩니다.

사실 운명이란 정해진 것이 아닙니다. 운명은 우리가 만들어가는 것입니다. 10대인 여러분에게 하얀 종이를 주고 뭔가를 그려보라고 하면 무엇을 그리겠습니까?

가능한 한 크고 멋진 그림을 그리십시오. 인생은 여러분이 생각한 대로 이루어집니다.

미국 펜실베이니아의 어느 촌구석에 샘이라는 아이가 있었는데 생각하는 것이 조금 엉뚱했습니다. 샘은 어려서부터 아버지나 친구들에게 자신은 할리우드의 대스타가 될 몸이니 '할리우드 스타'라고 불러달라고 했습니다. 친구들은 착각에 푹 빠져 지내는 샘에게 '할리우드 스타'라는 별명을 붙여주었습니다.

그러던 어느 날 정말 우연히 진짜 할리우드 스타들이 영화를 찍기 위해 샘이 있는 펜실베이니아 촌구석으로 오게 되었습니다. 그러자 이 모습을 구경하던 아이들이 이구동성으로 이렇게 말했습니다.

"우리 마을에도 '할리우드 스타'가 있는데 이번에 출연하나요?"

아이들의 말을 들은 감독은 이상하다는 생각에 그 아이를 만나보고 싶어했고 이것이 기회가 되어 샘은 정말로 할리우드 스타가 되었습니다.

거짓말도 100번을 하면 진실이 된다는 말이 있습니다. 어린 시절 샘은 진짜 할리우드 스타는 아니었지만 자기 자신은 물론 주변 사람들도 그렇게 생각하게끔 행동해서 나중에 스타의 꿈을 이룰 수 있었습니다.

원칙을 지키는 리더

10대는 그야말로 무한한 가능성의 입구에 서 있는 것이나 마찬가지입니다. 10대는 어떤 그림이든 자기 마음대로 그릴 수 있습니다. 물론 그것은 축복이자 행운이지만 다른 한편으로는 백지상태이기 때문에 더 불안하고 더 방황할지도 모릅니다.

그러므로 원칙이 있어야 합니다. 그리고 그것을 반드시 지켜야 합니다. 텔레비전이나 신문을 보면 알겠지만 요즘 우리 사회는 원칙을 지키지 않는 사람들과 리더십의 부재로 많은 혼란을 겪고 있습니다. 리더로서의 인성을 지니지 못한 리더가 많은 까닭입니다.

대통령까지 지낸 사람은 재산이 29만 원밖에 없다고 엄살을 부리고, 꾸역꾸역 뇌물을 받아먹은 공무원은 초호화판 생활을 하는가 하면, 어느 기업가는 각종 탈세를 일삼고 해외로 돈을 빼돌리고 있다는 얘기들이 뉴스의 전면에 등장하면서 우리의 울화를 치밀게 하고 있습니다.

뉴스를 볼 때마다 사회의 지도층이라는 인사들의 부정과 비리가 그야말로 하루도 빠짐없이 들려오고 있는 우리의 현실. 왜 그럴까요? 그것은 바로 원칙을 지키는 리더가 없기 때문입니다. 뭐든 솔직히 털어놓고 정도 경영을 하면서 보여줄 것 모두 보여주고 깨끗하게 이끌어나간다면 뭐가 문제가 되겠습니까?

정말로 원칙을 지키며 살아가는 사람만이 성공할 수 있는 사회가 되었으면 좋겠습니다. 이제 여러분이 그렇게 만들어야 합니다. 큰 꿈을 가지고 그 꿈을 이루기 위해 한 단계씩 나아가되 반드시 원칙을 지킬 줄 아는 그런 사람이 되어야 합니다.

여러분은 미래의 지도자들입니다.

지도자의 자질 중에서 가장 중요한 것 한 가지를 꼽으라고 한다면 저는 '원칙을 지키는 것'이라고 하겠습니다. 한 사회의 리더가 되려면 원칙을 잘 지켜야 합니다. 미국에서는 출세 가도를 달리던 사람이 고등학교 때 마리화나를 피웠다는 이유만으로 부통령에 출마했다가 낙마한 경우도 있습니다.

원칙을 지키면 조금 더딜 수도 있습니다. 그러나 편법으로 새치기를 해서 조금 빨리 가는 것보다 그쪽이 훨씬 낫습니다. 빨리 가 봐야 불과 몇 분입니다. 그 몇 분 때문에 여러분의 명예와 인격에 흠집을 내며 추한 모습을 보이고 싶습니까?

이제 10년이나 20년쯤 지나면 여러분은 2, 30대가 됩니다. 그야말로 나라의 기둥, 나라의 허리가 되는 것입니다. 그때 여러분이 제대로 원칙을 지키고 있다면 성공의 지름길이자 확실한 길로 들어선 것입니다.

정말로 이 나라를 위해, 사회를 위해 더 나아가 인류복지를 위해 원칙을 지키는 리더가 되십시오. 여러분에게는 꿈이 있어야 하지만 무엇보다 중요한 것은 꿈을 이루기 위해 원칙대로 살아가는 신념입니다. 그것이야말로 꿈을 이룰 수 있는 가장 확실하고 빠른 길입니다.

원칙을 존중하십시오.

●● **Tip for Leadership**

목표는 스마트(S.M.A.R.T)하게 설정하라

- **Specific 구체적으로**

  목표는 구체적이어야 합니다. 구체적인 목표를 정하기 위해서는 목표점에 대한 충분한 이해가 선행되어야 합니다.

  예) 새 산악자전거를 구입하길 원한다.
  　　 성적 우등생이 된다.

- **Measurable 측정할 수 있도록**

  목표는 측정 가능한 것이어야 합니다. 심정적인 태도 변화를 목표로 삼았더라도 그 목표가 실현되었을 때 나타나는 행동 변화를 수량적 단위로 바꾸어서 표현해야 합니다.

  예) 나의 목표는 6개월 내에 산악자전거를 구입하는 것이다.
  　　 상위 5퍼센트 안에 드는 성적 우수자가 된다.

- **Action oriented 실천적이고**

  목표는 실천적인 것이어야 합니다. 이런 점에서 목표는 마음먹기보다 행동 지향적입니다. 실천 항목들을 염두에 두지 않는 목표는 진정한 목표가 아닙니다. 인생은 마음먹은 만큼이 아니라 실천한 만큼 바뀌기 때문입니다.

  예) 산악자전거를 사기 위해 매월 10만 원씩 모아야 한다.
  　　 주요 과목에서 90점 이상을 받는다.

- **Realistic** 현실적이며

  목표는 항상 현실보다 우위에 있지만 실현 가능성을 내포하고 있어야 합니다. 목표가 망상妄想이나 공상空想과 달리 이상理想으로 여겨지는 것은 목표가 가진 실현 가능성 때문입니다.

  예) 용돈과 아르바이트 보수를 모은다면 월 10만 원은 현실적이다.
   지금보다 평균 10점만 올리자.

- **Timely** 마감시간이 있는 목표

  목표를 이루었다고 하더라도 적합한 시간에 달성하지 못한다면 가치를 인정받을 수 없습니다. 목표를 설정할 때 반드시 한계시간을 설정해야 합니다. 시간 설정은 그 목표의 가치를 최고 정점에 이르게 합니다.

  예) 6개월이면 좋은 산악자전거를 살 수 있는 60만 원을 모을 수 있을 것이다.
   1학기 말에 목표를 이룬다.

열정의 리더십 4

'하고 싶은 일'에 대한 열정은 세상에서 가장 아름다운 중독이다 _강석진

중앙대학교 경제학과 졸업
미국 하버드 경영대학원(ISMP)
전 GE KOREA 회장
현 CEO 컨설팅 대표
현 한국미술협회 회원

기본과 원칙을 지키며 최선을 다하라

어느 페인트공의 신념

무더운 여름이 찾아오자, 브라운네 가족은 종종 호수에서 보트를 타고 아름다운 경치를 감상하거나 낚시를 즐겼습니다. 그러다가 날씨가 점점 서늘해지자 아버지는 보트를 육지로 끌어올렸고 그때 마침 보트에 작은 구멍이 나 있는 것을 발견했습니다.

"내년 여름에 다시 쓸 때 고치지 뭐."

날씨가 추우면 보트를 탈 수 없으니 아버지는 내년 봄에 고칠 요량으로 보트를 그냥 창고에 넣어두었습니다. 그렇게 겨울이 지나고 따뜻한 봄이 다가올 무렵 아버지는 보트 색을 다시 칠해야겠다 싶어 사람을 불러

페인트칠을 부탁하였습니다. 하지만 보트에 난 구멍은 까맣게 잊고 있었습니다.

"아빠, 보트 꺼내주세요."

날이 따뜻해지자, 아이들은 보트를 꺼내달라고 졸라댔고 아버지는 좀 이르다는 생각을 하면서도 아이들의 성화에 어쩔 수 없이 보트를 꺼내주었습니다. 아이들이 보트를 들고 나간 뒤, 아버지는 다시 자신의 일에 매달려 있었습니다.

2시간쯤 지나 어느 정도 일을 마무리한 아버지는 문득 아이들에게 생각이 미쳤고, 이내 보트에 구멍이 나 있었다는 사실을 떠올리게 되었습니다.

'큰일이군. 우리 아이들은 아직 수영을 제대로 할 줄 모르는데……'

아버지는 혼비백산하여 서둘러 호숫가로 달려갔습니다. 아이들은 보트놀이를 마치고 이제 막 보트를 육지로 끌어올리고 있는 참이었습니다.

"얘들아, 별일 없었니?"

그는 눈앞에 멀쩡하게 서 있는 아이들을 보면서도 도무지 믿을 수가 없다는 듯 눈을 깜박이며 물었습니다.

"별일이라뇨?"

오히려 아이들이 이상하다는 듯 물었습니다. 아버지는 안도의 한숨을 내쉬며 아이들을 와락 끌어안았고 곧바로 보트를 살펴보았습니다. 그런데 보트의 구멍은 이미 누군가가 단단히 막아놓은 상태였습니다.

'아, 페인트칠을 한 사람이 구멍까지 막아주었구나.'

얼마나 고마웠던지 아버지는 곧바로 선물을 사들고 페인트칠을 해준 사람을 찾아갔습니다.

"페인트 칠한 값은 이미 받았는데……"

페인트칠을 해준 사람은 어안이 벙벙한 표정으로 말했습니다.

"당신이 보트의 구멍을 막아주셨더군요. 작년에 그 구멍을 발견했는데 올해 다시 쓸 때 막으려고 그냥 두었거든요. 그런데 제가 그걸 깜박 잊고 아이들에게 보트를 내주었지 뭡니까! 당신은 일부러 시간을 내서 제가 부탁하지도 않은 일까지 성실하게 해주셨고 그 덕분에 우리 아이들의 목숨을 구할 수 있었습니다. 정말로 감사합니다."

"제게 주어진 일을 최선을 다해 했을 뿐입니다."

나름대로의 원칙과 기본을 지키며 최선을 다하는 사람은 언젠가 그 빛을 발하게 마련입니다.

특히 1318세대는 앞으로 우리나라를 이끌어갈 미래의 주역입니다. 여러분 앞에는 무한한 세계가 기다리고 있습니다. 한반도보다 몇 십 배나 넓은 세계가 여러분을 기다리고 있으니, 더 높은 꿈을 꾸고 더 넓은 세계를 향해 꿈을 펼쳐나가십시오. 여러분이 미래를 향해 높은 꿈을 세우고 도전한다면 틀림없이 그 꿈을 이루게 될 날이 올 것입니다. 다만 원칙과 기본은 반드시 지켜야 합니다.

여러분이 도달할 수 있는 목표의 최대치를 세워놓고 그것을 향해 부단히 노력하면 여러분도 모르는 사이에 여러분의 높은 잠재능력이 개발되며 몸에 에너지가 충만해져 목표를 이룰 수 있는 능력과 힘이 생깁니다.

세상을 향해 뿔을 세워라

어린 시절부터 아버지에게서 항상 '기본'과 '원칙'을 지키며 살아가라는 가르침을 받은 저는 사회에 나와 무역회사에 첫 발을 내딛었습니다. 비록 서툰 영어지만 외국 바이어들을 찾아다니며 주문을 받고 필요한 원자재를 수입하고 그밖에 무역금융 업무까지도 모두 제가 처리해야 했기 때문에 고생은 되었지만 한꺼번에 많은 것을 배울 수 있었습니다.

그렇게 2년 정도 발에 땀이 나도록 뛰어다녔더니 무역에 대한 많은 경험과 지식이 축적되었습니다.

저는 지금도 학교를 졸업한 다음 대기업에 들어가는 것보다는 모든 것을 한꺼번에 그것도 짧은 시간에 체험할 수 있는 규모의 회사에 들어가는 것이 훨씬 더 낫다고 생각합니다. 대기업에 들어가면 이미 조직의 체계가 잡혀 있어서 자신이 담당하는 일 외에는 거의 손을 댈 수가 없기 때문입니다.

무역회사에서 일하면서 저는 그야말로 세상이 엄청나게 넓다는 것을 깨달았습니다. 세계 여러 나라의 바이어들과 만나 협상을 하고 수주한 것들을 그들 나라에 수출해야 했기 때문에, 한반도보다 훨씬 넓은 세계가 있다는 것을 깨닫고 이 넓은 세계에서 어떻게 마음껏 꿈을 펼칠 수 있는지 깊이 생각하게 되었던 것입니다.

기회는 만드는 것

지금은 인터넷이라는 공간을 통해 시공을 초월한 교류가 이루어지고 있어 더 빠르고 쉽게 자신의 능력을 발휘할 수 있습니다. 얼마나 편리합니까! 굳이 발로 뛰지 않아도 전 세계의 수많은 사람들을 상대로 꿈을 펼쳐나갈 수 있다는 것은 그야말로 가슴 벅찬 일입니다.

하지만 아무리 좋은 기회가 주어져도 그것을 움켜쥐지 않으면 아무런 소용이 없습니다. 기회를 움켜잡고 여러분의 꿈을 실현하기 위해 최대한 활용하십시오.

사람들은 흔히 "모든 일에는 때가 있다."라고 말하지만, 그 '때'라는 것도 자신이 만들어야 합니다. 가만히 앉아서 기회가 혹은 때가 스스로 찾아오기를 기다려서는 안 됩니다. 성공의 기회는 결코 제 발로 찾아오지 않습니다. 남들이 기피하는 일, 어렵다고 외면하는 일일지라도 거침없이 해내려는 용기를 가지고 원칙과 기본을 지키면 반드시 성공의 기회가 찾아옵니다. 그리고 이미 준비된 여러분은 그 기회를 잡을 수 있을 것입니다.

일, 그 자체를 즐겨라

일로써 나를 보여라

일은 자신을 표현할 수 있는 기회입니다. 즉 자신의 가치를 증명하고 남보다 뛰어나고 싶은 욕망을 마음껏 펼칠 수 있는 기회입니다.

미국의 유명한 라디오 뉴스해설자인 칼텐보른은 세일즈맨으로 일하던 시절에 아침마다 자기 자신에게 격려의 말을 해주어 권태로운 직업을 흥미로운 일로 바꿨다고 합니다.

"칼텐보른, 이것은 어차피 네가 해야 할 일이야. 이왕이면 기분 좋게 하자. 마치 연극을 하듯 즐겁고 활기차게 상대방을 대하자고!"

물론 자기 자신에게 격려를 한다는 것이 쉽지는 않습니다. 하지만 익숙해지면 일을 더 즐겁게 받아들일 수 있습니다. 열심히 운동을 하면 육체가 건강해지듯 열심히 자기 자신을 격려하면 마음이 건강해집니다.

자동차 바퀴가 장시간의 운전에도 터지지 않고 버티는 이유를 알고 있습니까? 처음에 자동차 바퀴 제조업자는 지면의 충격에 저항하는 바퀴를 만들었는데, 그 바퀴는 얼마 달리지 못해 찢어지는 일이 빈번했다고 합니다. 결국 여러 번의 시행착오 끝에 지면의 충격을 흡수하는 바퀴를 만들게 되었고 오늘날 도로를 질주하는 바퀴들은 모두 지면의 충격을 흡수하고 있습니다.

주어진 상황에 저항하는 것보다는 받아들이고 소화하는 편이 더 낫습니다. 자신의 일에 흥미를 갖는 것은 일을 '노동'이라는 선입관에서 벗어나게 하는 방법인 동시에 성공의 지름길이 됩니다. 설령 그 정도까지는 아니더라도 최소한 피로를 줄일 수는 있습니다. 더불어 마음이 즐겁고 편해지면 잠을 잘 자게 되고 그것만으로도 건강에는 많은 도움이 됩니다.

그 일을 즐겨라

여러분이 어떤 일을 하든 그 일을 즐기십시오. 그 일을 좋아해야 합니다. 일이 좋으면 열정을 쏟게 되고 열정을 쏟다 보면 아무리

밤을 새우며 일을 해도 절대로 피로하지 않습니다. 오히려 일을 하면 할수록 즐거워집니다.

'일'을 '노동'이라고 생각하면 굉장히 피곤하게 느껴집니다. 그러나 좋아하는 일을 즐긴다고 생각하면 일은 더 이상 노동이 아닙니다. 자신이 좋아하는 것이므로 언제나 열정을 쏟을 수 있고 더불어 반짝이는 아이디어가 떠오르게 됩니다.

자신이 선택을 했든 아니면 누군가가 맡겼든, 일에 모든 열정을 쏟으며 일 자체를 즐기십시오. 그러면 여러분은 틀림없이 그 일을 누구보다 잘할 수 있을 것이고 주위에 있는 사람들도 여러분을 믿고 신뢰하여 그보다 더 큰 일, 더 어려운 일을 맡길 것입니다. 한마디로, 승진을 하게 되는 것입니다.

저 역시 부지런히 노력한 덕분에 30세가 되기도 전에 새로 설립되는 회사의 창업을 총괄하여 맡아달라는 부탁을 받게 되었습니다. 새로 짓는 공장에 들어가는 모든 기계 설비와 필요한 원자재를 외국에서 수입하고, 해외로부터 수출 주문을 받아내고, 공장을 움직일 공장장과 기술자들을 스카우트하는 일들을 서른 살도 안 된 제가 하게 되었던 것입니다. 사실, 그 일은 저에게 새로운 도전이었습니다. 상당히 부담스럽고 버거운 일이었지만 모든 두려움을 접어두고 그 일을 맡겠다고 했습니다.

그리고 곧바로 일에 몰두한 저는 포괄적인 업무를 통해 전체 사업을 한눈에 볼 수 있는 좋은 경험을 하게 되었습니다. 그로부터 2, 3년이 지나자 회사는 빠른 속도로 성장하여 안정적인 위치에 올라섰고 많은 직원들을 거느리게 되었습니다.

최선을 다해 열정을 쏟아라

하지만 저는 그것으로 만족할 수가 없었습니다. 더 넓은 세계를 향해 도전해야겠다는 열정이 가슴속에 꿈틀거리고 있었던 것입니다. 결국 저는 회사를 떠나기로 한 결심을 회장님께 말씀드리고 300달러쯤 되는 돈을 갖고 미국으로 유학을 떠났습니다. 당시의 300달러는 지금으로 따지면 3천 달러 정도 됩니다. 그 돈을 가지고 미국의 수도인 워싱턴으로 간 것입니다. 당시 저는 미국의 수도인 워싱턴이 뉴욕이나 로스앤젤레스보다 큰, 미국에서 가장 큰 도시라고 생각했습니다.

설렘 반, 두려움 반으로 드넓은 기회를 찾아 미국행 비행기에 몸을 실은 저는 소신껏 살아간다면 분명 원하는 길을 갈 수 있으리라는 자신감만으로 아는 사람 하나 없는 낯선 땅을 밟았습니다.

하늘이 제 뜻을 알았는지 워싱턴 공항에 내리자마자 생각지도 못한 일이 저를 기다리고 있었습니다. 어느 점잖은 신사가 다가오더니 이렇게 묻는 것이었습니다.

"당신이 한국에서 오신 강석진 씨입니까?"

"그렇습니다만……."

"줄곧 당신을 기다리고 있었습니다."

"무슨 일로 저를 기다리셨는지요?"

"사실은 제가 아니라 다른 분이 강 선생님을 모시려고 했는데 그 분이 지금 사정이 여의치가 않아 제가 대신 나왔습니다."

"그 분이 어떤 분이시죠?"

"워싱턴 교포사회의 회장이고 한국인 교포로는 가장 큰 사업을 하고 있는 스탠리 리 회장님입니다."

저는 그날 저녁에 스탠리 리 교포회장을 만났고 성대한 대접을 받으며 그가 왜 나를 만나려 했는지에 대해 구체적인 이유를 듣게 되었습니다.

"나는 지금 이곳에서 자동판매기사업을 하고 있습니다. 이번에 무역업으로 사업을 확장하기 위해 한국에서 기업을 경영하는 친구에게 책임감이 투철한 젊은이를 한 명 추천해달라고 부탁했더니, 강석진 씨를 추천하면서 사표를 내고 미국으로 떠났다고 하더군요. 그래서 여러 경로를 통해 강 선생님이 워싱턴에 도착하는 항공편을 알아내고 공항에서 기다리게 했습니다."

그렇게 하여 저는 전혀 예기치 않던 미국생활을 시작하게 되었습니다. 그렇다면 그 사람이 왜 저를 찾았을까요?

저는 바로 그 점을 강조하고 싶습니다. 여러분이 학교를 졸업하고 사회에 진출하게 되면 언제 어디서 무슨 일을 하든 자신이 맡은 일에 대해서는 최선을 다해 열정을 쏟아야 합니다. 그러면 주변 사람들은 '저 친구에게 맡기면 책임지고 잘하겠구나.' 라는 생각을 하게 됩니다. 한마디로, 사람들의 신뢰를 얻게 됩니다.

세상을 살아가는 데 있어서 신뢰는 대단한 재산입니다. 세상에는 믿음 하나로 기업을 일구고, 믿음 하나로 성공한 사람들이 숱하게 많습니다. 반대로 모든 것을 갖추고 있던 사람이 주변의 신뢰를 얻지 못해 실패하는 경우도 많습니다.

10억 원을 갖고 있어도 주변에서 신뢰를 받지 못하는 사람보다 비록 돈은 없지만 많은 사람들의 신뢰를 받는 사람이 훨씬 더 성공하기가 쉽습니다.

여러분은 성공할 수 있는 잠재능력을 가지고 있습니다. 성공에 필요한 것은 오로지 여러분이 지금 존재한다는 사실과, 여러분의 숨은 능력을 최대한 활용하여 맡은 일에 열정을 다한다면 무슨 일이든 이루어낼 수 있다는 신념을 갖는 것입니다.

여러분의 인생을 스스로 지배하십시오.

여러분 삶의 주인이 되십시오.

인생을 망치는 것은 실패가 아니라 좌절이다

제게 어떤 문제가 있습니까?

세계적으로 유명한 콜게이트 비누회사의 회장 자리에까지 올랐던 리틀은 영업사원 시절에 실적 때문에 상당히 고심을 했습니다. 어쩌면 해고될지도 모른다는 불안감에 휩싸인 그는 위기탈출을 위해 곰곰이 자기 자신을 돌아보았습니다.

'제품도 뛰어나고 가격도 저렴한데 왜 실적이 오르지 않을까? 문제는 분명 나에게 있을 거야. 내일부터 그 원인을 찾아봐야겠어.'

판매현장에 나선 그는 판매에 실패하면 고객과 헤어진 뒤 실패의 원인에 대해 여러 가지로 분석을 하였고, 만약 그 이유를 밝혀내지 못하면 고객에게 되돌아가 이렇게 물어보았습니다.

"물건을 팔기 위해 다시 온 것이 아닙니다. 당신의 조언을 듣고 싶어서 찾아왔습니다. 혹시 제 판매방식에 어떤 문제라도 있었습니까? 당신의 솔직한 의견을 듣고 싶습니다."

이렇듯 진실한 자세로 그는 고객의 의견 하나하나를 귀담아 들었고 자신의 결점을 고쳐나가 결국 회사에서 가장 높은 자리에까지 오르게 되었던 것입니다.

50퍼센트 실패와 100퍼센트 실패

세상에 완벽한 사람은 없습니다. 누구든 실수나 실패를 할 수 있습니다. 중요한 것은 실수를 반복하지 않도록 기록하고 분석하여 다음 행동의 밑거름으로 쓸 줄 알아야 한다는 것입니다.

행동으로 옮겼다가 실패하면 50퍼센트의 실패지만, 실패가 두려워 아무것도 안 하면 100퍼센트 실패한 것이라는 말도 있습니다. 그러니 실패가 두렵다고 망설이지 말고 일단 해야겠다는 판단이 서면 무조건 돌진해야 합니다.

물론 그러다가 실패할 수도 있습니다. 그것은 인생의 값진 수업료일 뿐, 완전한 실패가 아닙니다. 실패의 위험을 무릅쓰고 도전하지 않으면 절대로 새로운 것을 알아낼 수 없습니다.

무슨 일을 하더라도 실패를 두려워하지 마십시오. 젊었을 때 한두 번 정도 실패 경험을 하게 되면 성공에 대한 자신감이 생깁니다.

첫째, 인격이 성숙해집니다.

둘째, 두 번 다시 실패하지 않을 경험과 체험이 쌓입니다.

일단 이 두 가지를 얻게 되면 그 다음부터는 여러분이 목적한 방향으로 나아갈 수 있는 기반이 다져집니다.

사람은 뿌린 대로 거두게 마련이지만 혹시 운이 좋지 않아 그만큼 거두지 못했더라도 언젠가는 다시 기회가 찾아옵니다. 성공하지 못한 것은 실패가 아닙니다. 다만 성공하지 못했을 때 좌절하고 다시 일어서지 못하는 것이 실패입니다.

다시 한번 강조하지만 실패는 있을 수 있습니다.

열심히 노력했지만 능력이 부족하여 또는 여건이 여의치 않아 실패한 경우는 미래를 위한 훌륭한 자극제가 될 수도 있습니다. 그러나 실패가 두려워 아무것도 시도하지 못한다면 그 사람은 인생을 통해 얻는 것이 아무것도 없을 것입니다.

모든 것은 마음먹기에 달려 있다

"마음자세가 우리의 존재를 만든다."라는 말을 기억하십시오. 마음자세는 우리의 운명을 결정합니다.

로마제국의 위대한 황제이자 위대한 철학자였던 마르쿠스 아우렐리우스는 이렇게 말했습니다.

"우리의 인생은 마음자세에 따라 달라진다."

행복을 꿈꾼다면 행복해질 수 있습니다. 불행을 생각한다면 불행해질 것입니다. 두려운 생각을 하면 두려움에 빠지고 질병을 생각하면 질병에 걸립니다. 실패를 생각하면 당연히 실패할 수밖에 없습니다. 그렇다고 모든 문제에 대해 낙천가가 되라는 말은 아닙니다. 다만 부정적인 자세보다는 긍정적인 자세가 확실히 우리에게 무엇보다 중요하다는 말입니다.

결코 도중에 중단하거나 좌절하지 마십시오. 장기적인 계획을

세워 인내심을 발휘하십시오. 저는 글로벌리제이션globalization, 즉 세계화라는 용어가 보편화되지 않았던 시절에 GE의 한국사업의 세계화 마스터 플랜을 만들어 GE경영자들의 합의를 이끌어내기 위해 무려 1년 6개월 이상 설득작업을 하였습니다. 구체적인 세계화 사업계획을 만드는 작업에서 이를 추진하기 위해 내부의 참여와 지원을 이끌어내고 실행에 옮긴 모든 과정을 생각한다면 거의 20년 가까이 끊임없는 열정을 쏟으며 새로운 목표에 도전했다고 할 수 있습니다. 그 결과 한국GE의 사업은 200배나 성장했으며 GE 전체의 세계화 성공 모델이 되기도 했습니다.

지금은 세계화 시대입니다. 그렇기 때문에 여러분도 세계를 무대로 삶을 펼쳐나갈 높은 기상으로 세상을 더 넓게 바라보아야 합니다.

사실 중고등학교 시절은 인생의 방향을 결정하는 아주 중대한 시기입니다. 어떤 사람은 과학자를 꿈꾸고 시인을 꿈꿀 수도 있으며 화가가 되고 싶어하는 사람도 있을 것입니다. 어느 것이든 좋습니다. 좋아하고 즐기고 정말로 하고 싶은 일을 하십시오.

높은 이상과 꿈이 있으면 틀림없이 높은 목표에 도달하게 되고 목표가 낮으면 낮은 목표에 도달하게 됩니다.

어느 쪽을 택하겠습니까?

어릴 때부터 높은 목표를 세우고 그것을 마음속 깊이 새기십시오. 실패에 대한 두려움은 멀리 날려버리십시오. 실패는 앞으로의 성공을 위한 밑거름일 뿐입니다. 실패는 성공에 더 가까이 다가서기 위한 징검다리입니다.

'할 수 없다'는 굴레를 벗어라

I can do it

항상 '할 수 있다!' 라고 생각하십시오. '할 수 있다!' 라고 생각하는 순간, 여러분은 이미 목표를 향해 발을 내딛은 것이나 마찬가지입니다. 그 길을 곧장 따라가면 성공의 문에 다다르게 됩니다.

늘 자기암시를 하십시오.

"나는 할 수 있다."

미래에 대한 자신감이 생기면 열정을 쏟게 되고 열정을 쏟으면 성공으로 가는 아이디어가 떠오릅니다. 그러면서 여러분의 내면에 잠자고 있던 능력이 발휘되고 스스로도 놀랄 만한 일을 해내게 됩니다.

인생에서 얻을 만한 가치가 있는 것은 그리 쉽게 주어지지 않습니다. 계속해서 노력하지 않으면 그 어떤 것도 얻을 수 없습니다. 열심히 노력하기 전까지는 자신이 어떤 일을 해낼 수 있는지 알 수 없습니다. 그렇기 때문에 실천이 중요합니다.

만약 여러분이 달리기를 싫어한다면 달리기에서 우승하는 일은 결코 없을 것입니다. 말로만 하지 말고 행동으로 옮기십시오. 아무리 커다란 꿈을 지니고 있더라도 행동으로 옮기지 않으면 아무 소용이 없습니다.

17세와 22세, 29세에 말라리아에 걸려 죽을 고생을 하고 19세 때는 천연두에, 20세 때는 늑막염에, 35세 때는 급성이질에 걸려 또 다시 죽음의 고비를 넘겨야 했던 워싱턴은 43세 때는 치아가

거의 다 손상되어 끔찍한 고통을 겪었습니다. 그럼에도 43세가 되던 1775년에 미 혁명군 사령관이 되어 독립운동을 지휘하였고 그로부터 12년 후에는 미국의 초대 대통령이 되었습니다.

할 수 있다는 신념을 행동으로 옮기다 보면 수많은 장애물에 걸려 넘어질 수도 있습니다. 하지만 당신이 택한 행동에 갈채를 보내십시오. 반대를 겪지 않고 또는 장애물 없이 인생을 개척할 수는 없습니다.

아무 짝에도 쓸모없는 '할 수 없다'는 말

폴란드의 유명한 피아니스트인 파데르브스키는 처음으로 피아노 레슨을 받던 날, 참으로 가슴 아픈 이야기를 들었습니다.

"네 손은 조막손이라 피아노를 그만두는 게 나을 것 같구나."

불후의 테너가수인 카루소 역시 처음 노래를 부른 뒤, 심한 혹평을 들어야만 했습니다.

"네 목소리는 마치 구멍 뚫린 문풍지 사이로 드나드는 바람소리 같구나."

월트 디즈니는 처음으로 만화원고를 들고 신문사를 찾아갔을 때 '수준 이하'라는 평가를 받았고 헨리 포드는 처음으로 자동차를 만들었을 때 후진기어를 달지 않았다는 사실을 깨달았습니다.

하지만 그들 모두 좌절하지 않고 꾸준히 노력했기에 꿈을 실현할 수 있었습니다. 여러분도 꾸준히 노력하면 얼마든지 여러분의 꿈을 이뤄낼 수 있습니다.

어떤 사람은 직접 그 길을 가보지도 않았으면서 충고랍시고 부정적인 말을 들려주기도 합니다. 대학시험에 낙방한 친구가 시험에 합격한 여러분에게 학위를 받을 수 없을지도 모른다고 초를 칩니다. 사업을 전혀 해보지 않은 사람은 사업을 시작할 때 부딪히게 되는 여러 가지 장애에 대해 그럴 듯하게 얘기합니다. 한 번도 우승한 적이 없는 친구는 결코 이기지 못하리라고 말합니다.

그런 부정적인 말에 귀 기울이지 마십시오. 여러분에게 어떤 꿈이 있다면 그것을 믿고 과감하게 나아가십시오. 스스로 기회의 문을 열어야 합니다. '할 수 없다'는 말은 그야말로 아무 짝에도 쓸모없는, 쓰레기장에서도 필요 없는 무가치한 말입니다.

무슨 일이든 즐겁게

무슨 일이든 주어진 일은 끝까지 최선을 다해 처리하십시오. 주어진 일, 맡은 일을 기쁜 마음, 즐거운 마음으로 받아들이십시오. 그러면 무한한 열정과 힘이 솟아납니다. 그리고 틀림없이 그 일을 훌륭히 해낼 수 있게 됩니다.

여러분이 그 일을 훌륭하게 해내면 주변 사람들은 반드시 여러분의 열정과 책임감을 기억합니다. 더불어 여러분을 믿게 되고 다음에는 더 중요한 일을 맡깁니다.

저는 지금껏 살아오면서 항상 누군가가 먼저 저를 찾아와 중요한 일을 맡겼습니다. 지금 생각해보면 제가 맡았던 일에 열정을 쏟으며 최선을 다했기 때문인 것 같습니다.

항상 높은 이상, 높은 꿈을 품고 넓은 세계를 향해 꿈을 펼쳐나가십시오. 여러분은 지금 하고 싶은 일이 무척 많을 것입니다. 그렇다고 그중에서 어느 한 가지만 선택해야 하는 고민에 빠져들 필요는 없습니다. 하고 싶은 것은 무엇이든 다 해보십시오.

화가와 경영자의 공통점

저는 회사를 경영하는 CEO지만 화가로서도 활동하고 있습니다. 이미 20년 이상 활동한 중견화가로서 개인전과 국제전도 많이 열었습니다. 물론 화가와 경영자의 이미지를 동시에 떠올리기란 쉽지 않을 것입니다. 아니 오히려 두 가지 일을 동시에 한다는 것을 의아하게 생각할 수도 있습니다. 하지만 두 가지 일에는 공통점이 있습니다.

그림을 그릴 때는 예술적 감각이나 창의력이 필요합니다. 모든 사물을 볼 때는 창의력을 발휘해 새로운 눈으로 봅니다. 새로운 아이디어, 새로운 표현법을 찾기 위해서는 시각을 달리하여 새로운 것에 눈을 돌려야 하기 때문입니다. 경영에서도 마찬가지입니다. 경영을 할 때 창의력과 혁신은 그 어떤 것보다 중요합니다.

또한 예술을 하려면 열정이 있어야 합니다. 기업에서도 열정이 없으면 경영자가 될 수 없습니다.

또 하나, 예술을 하려면 프로정신이 있어야 합니다. 경영에 있어서도 프로정신이 필수조건입니다. 아마추어 정신으로 했다가는 실패하고 맙니다.

창의력과 열정, 프로정신은 경영을 하든 예술을 하든 또 그밖에 다른 어떤 일을 하든 꼭 필요한 태도입니다.

항상 열정을 품고 살아가십시오. 그러면 몸에서 에너지가 분출됩니다. 더불어 마음이 즐거워지고 창의력도 생깁니다.

어떤 일을 할 때는 아마추어처럼 대충 하려 들지 말고 프로정신으로 하십시오. 학창시절도 마찬가지입니다.

저는 하루에 두 군데로 출근했습니다. 아침에는 회사로, 저녁에는 화실로 향했습니다. 두 가지를 동시에 하기 위해 낮 시간과 밤 시간을 충분히 활용했던 것입니다.

정말로 하고 싶다면 방법은 있게 마련입니다. 몇 가지가 되었든 하고 싶은 일 중에서 일부를 선택하거나 일부를 버리는 일이 없도록 원하는 모든 것에 도전하십시오.

Tip for Leadership

오드리 헵번이 딸에게 남긴 유언

아름다운 입술을 갖고 싶으면,
친절한 말을 하라.

사랑스런 눈을 갖고 싶으면,
사람들에게서 좋은 점을 보아라.

날씬한 몸매를 갖고 싶으면,
너의 음식을 배고픈 사람과 나눠라.

아름다운 머리카락을 갖고 싶으면,
하루에 한번 어린이가 손가락으로 너의 머리를 쓰다듬게 하라.

아름다운 자세를 갖고 싶으면,
너 혼자 걷고 있지 않음을 명심하며 걸어라.

사람들은 상처로부터 치유되어야 하며
낡은 것으로부터 새로워져야 하고

병으로부터 회복되어야 하고
무지함으로부터 교화되어야 하며

고통으로부터 구원 받고 또 구원 받아야 한다.
결코 누구도 버려서는 안 된다.

기억하라.
만약 도움을 주는 손이 필요하다면
너의 팔 끝에 있는 손을 이용하면 된다.

더 나이가 들면 손이 두 개라는 것을 발견하게 될 것이다.
한 손은 너 자신을 돕는 손이고
다른 한 손은 다른 사람을 돕는 손이다.

> 영화 〈로마의 휴일〉(1953)로 아카데미 여우주연상을 수상하면서 최고의 여배우로 한 세기를 장식했던 오드리 햅번. 그녀는 1988년부터 1993년 1월 스위스 톨로체나즈 마을에서 63세를 일기로 숨을 거둘 때까지 유니세프의 평화대사로 기아에 허덕이는 세계 오지의 어린이들에게 사랑을 전했다.

삶에 있어 가장 중요한 질문은
"다른 사람을 위해 무엇을
하고 있습니까?"라는 질문이다.

– 마틴 루터 킹 Martin Luther King Jr. –

베풀 수 없는 것은
소유할 수도 없습니다

2부

5. 가족사랑 리더십 한 걸음 다가서면 두 걸음 더 가까워지는 가족_강학중

6. 나눔의 리더십 아름다운 1퍼센트의 힘_박원순

7. 부자 리더십 10대여, 아름다운 부자가 되라_오연석

가족사랑 리더십 5

한 걸음 다가서면 두 걸음 더 가까워지는
가족_강학중

핀란드 헬싱키 경제경영대학원 졸업(MBA)
경희대학교 가족학 박사과정 수료
전 ㈜대교 대표이사
현 가정경영연구소 소장

행복한 가족, 건강한 가족이란?

두 가지 모습의 '가족'

'가정' '가족' 하면 여러분은 무엇이 먼저 떠오릅니까? 어떤 단어가 생각나는지요? 많은 사람들이 '따뜻한 보금자리' '편안한 안식처' 그리고 '끝까지 내 편이 되어줄 든든한 사람들'이라고 얘기합니다.

제가 교도소의 재소자들을 위한 강의도 많이 하는데 그분들 역시 비슷한 대답을 하셨습니다. 어떻게 보면 그분들은 성장 과정에서 따뜻한 사랑을 제대로 받아보지도 못하고 폭력과 학대에 시달려온 아픈 상처들을 가지고 있을지도 모르는데 말입니다.

그런데 정말 모든 가정이 다 그렇게 행복합니까? 가족들과 모이기만 하면 늘 즐겁던가요? 텔레비전 광고에서 보여주는 웃음꽃이 만발한 행복한 가정, 즐거운 가족들의 모습은 가족의 한쪽 모습일 뿐입니다. 그런 밝고 행복한 모습과는 달리 신문과 텔레비전에서는 연일 끔찍한 사건, 사고들이 우리를 우울하게 합니다.

아들과 아내가 아버지이자 남편을 살해해달라는 광고를 인터넷 청부 살인 코너에 올렸다 검거된 사건, 실직을 거듭하며 부부싸움이 잦았던 남편이 술 먹고 들어와 아내와 자식들을 살해한 사건, 20년 동안 중풍으로 고생해온 아버지와 두 아이들을 혼자 키울 수가 없어 병든 아버지를 목 졸라 죽인 아들, 병든 남편을 30년간 수발해오다 스스로 목숨을 끊으려는 남편을 도와 죽음으로 몰고간 아내, 술만 먹었다 하면 때리고 학원에까지 쫓아와 행패를 부리는 아버지를 참다 못해 살해한 여중생의 사연…….

과연 이것이 가정의 모습이고 가족인가 싶어 혼란스러워질 때가 많습니다.

이렇듯 모든 가정이 다 행복한 것은 아닙니다. 한 남자와 한 여자가 사랑해서 결혼만 하면 행복한 가정이 저절로 굴러들어오는 것도 아닙니다.

우리가 원치 않는, 우리 의지로도 어쩔 수 없는 무수히 많은 시련과 위기, 사고 앞에서 끝까지 참고 인내하면서 마음을 모아 갈등을 조정하고 문제를 풀어가지 않으면 가정은 끔찍한 지옥이 될 수도 있습니다.

평생 가는 부모자식 관계

행복한 가정을 만들기 위해서는 부부 관계뿐 아니라 부모자식 간의 관계가 대단히 중요합니다.

우리가 살아가며 맺게 되는 수없이 많은 인간관계 중, 친구는 경우에 따라 안 만나거나 새로운 친구를 사귈 수도 있습니다. 또한 선생님과의 마찰이 너무 커 도저히 학교를 다닐 수 없을 때는 전학을 가거나 극단적으로 학교를 그만둘 수도 있습니다. 이웃과의 관계가 원만치 못해 불편하다면 이사를 갈 수도 있고, 직장 상사나 동료 간에 문제가 심각하면 직장을 바꿀 수도 있습니다.

하지만 부모자식 간의 관계는 그렇게 쉽게 정리할 수 있는 관계가 아닙니다. 부부는 살다가 마음에 안 들면 이혼을 해서 남남이 될 수 있지만 부모자식 간의 인연은 한 번 맺게 되면 영원한 것입니다.

따라서 부모자식 간의 사이가 나빠지면 행복할 수가 없습니다.

부모와 자식 사이는 제로섬 게임이 아닙니다. 부모가 이득을 보면 자식이 손해를 보고 자식이 이득을 보면 부모가 손해를 보는 그런 관계가 아니란 말입니다.

어느 한쪽이 불행하면 다른 한쪽도 결코 행복해질 수 없는 관계가 바로 부모자식 사이입니다.

여러분은 집안에서 부모님과 어떤 일로 다툽니까?

부모님과 다툰다는 표현이 좀 어폐가 있긴 하지만 어떤 일로 가끔 언성을 높이고 토라지기도 하나요? 공부? 용돈? 컴퓨터 게임? 독서? 방 정리? 귀가시간? 숙제? 아마도 헤아릴 수 없이 많은 문제로 언성이 높아지고 집안이 시끄러워질 것입니다.

화장실 하나만 예를 들어볼까요?

> 용변보고 물을 안 내려서,
> 화장지를 조금만 써도 되는데 둘둘 말아 변기가 막혀서,
> 샤워하고 뒷정리를 안 해서,
> 젖은 옷이나 수건을 어질러놓아서,
> 젖은 슬리퍼를 세워놓지 않아서,
> 머리 감고 머리카락을 치우지 않아서…….

화장실 하나만 잠깐 살펴보아도 수십 가지의 문젯거리가 쏟아져 나옵니다.

부모님과의 사이를 멀어지게 하는 사소한 문제들은 우리 주변에 너무 많이 널려 있습니다. 그런데 일단 부모님과 다투고 나면 마음이 불편해집니다. 부모님과 다투고 나서 '얼씨구나' 하고 살맛 난다거나 기분이 좋다는 사람은 없을 것입니다.

우울해지고 공부에 집중도 안 되고 심지어 학교도 가기 싫어집니다. 더욱이 부모님들은 아이들과 다투기라도 하면 먹을 것도 제대로 안 해주고, 필요한 것을 제때 챙겨주지도 않습니다. 용돈을 깎거나 텔레비전을 못 보게 하거나 인터넷을 해지하거나 해서 더욱더 기분을 엉망으로 만들어버리기도 합니다.

그래도 현실은 현실입니다.

부모님은 여러분을 먹이고 입히고 재워주고 깨워주고 휴대전화

도 사주고 어학연수도 보내주고 용돈도 주고, 그야말로 여러분에게 필요한 모든 것을 해주고 있습니다. 여러분은 살아가면서 필요한 거의 모든 것을 부모님께 의존하고 있는 셈입니다.

한두 살 된 아기의 경우에는 100퍼센트 부모님께 의존할 수밖에 없습니다. 하지만 그 시절에는 모든 것이 부모님이 원하는 대로 이루어집니다. 입히고 싶은 것 입히고, 먹이고 싶은 것 먹이고, 심지어 잠자는 시간까지 부모님 뜻대로 통제하시기 때문입니다. 그래서 그 시절에는 갈등이라는 것이 별로 없습니다.

갈등의 원인

그러면 왜 그렇게 여러분과 부모님 사이에는 갈등이 늘어만 가는 것일까요?

가장 큰 원인은 이제 여러분이 홀로서기를 시작했다는 데 있습니다. 부모님이 시키는 대로 꼬박꼬박 따르는 것이 아니라, 자신의 주장이 생긴 것입니다.

부모님의 의사와는 달리 내가 입고 싶은 옷 입고, 머리 모양도 내 마음대로 하고, 부모님이 골라주는 책이 아닌 내가 보고 싶은 책을 읽고, 보고 싶은 비디오도 빌려다 봅니다. 그리고 부모님의 말씀이 왠지 책에서 읽던 것이나 선생님 말씀과는 다른 것 같아 반항하기도 합니다. '인권'이나 '민주주의', 이런 것들을 배우면서 그에 대한 의식이 싹트기 시작한 것입니다.

그리고 서서히 부모님의 품을 떠나 독립하고 싶은 단계에 들어선 것입니다. 그러나 마음은 굴뚝같아도 아직 많은 부분에서 부모

님께 의존할 수밖에 없는 것이 현실입니다.

　실제로 돈도, 잠자리도, 입을 옷도, 먹을 것도, 삶에 필요한 많은 부분을 부모님께 의존하고 있습니다. 그러면서도 왜 자꾸 부모님과의 사이에 갈등이 생기는 것일까요?

　그것 또한 세대 차이 때문입니다.

　부모님과 여러분은 거의 30년 가까이 살아온 세월에 차이가 있기 때문에 당연히 여러 가지 면에서 다를 수밖에 없습니다. 욕구가 다르고 선호하는 텔레비전 프로그램이 다르고 언어마저도 다릅니다. 한마디로 주파수나 코드가 다른 것입니다.

　고등학교에 다니는 남학생과 여학생이 제과점에서 만나 빵을 먹다가 생활지도부 선생님에게 발각이 되어 정학을 당했다면 여러분은 이해가 됩니까? 남자들 머리카락이 좀 길다고 파출소로 끌고 가고 여성들 치마 길이가 좀 짧다고 풍기문란으로 단속을 한다면 여러분은 수긍할 수 있겠습니까? 밤 12시까지 집에 돌아가지 않았다고 귀가시키지 않고 경찰서 유치장에 감금한다면 여러분은 받아들일 수 있겠습니까? 그런데 바로 여러분들의 부모님이 그런 시대를 살아오신 분들입니다.

　그러니 요즘같이 남녀 학생의 이성교제가 자유롭고 남녀공학이 보편화된 시대를 살아가는 여러분과는 생각이 다를 수밖에 없습니다. 먹는 것, 입는 것도 변변치 않았던 춥고 배고픈 시절을 살아오신 부모님들의 씀씀이와 여러분들의 씀씀이 또한 다를 수밖에 없는 것입니다.

　그렇게 욕구나 관심사가 다르고 세상을 투영하는 모든 렌즈가 다르기 때문에 용돈이나 이성교제 등, 모든 면에서 의견 차이가 날 수밖에 없습니다. 그리고 평소에는 모든 것이 훌륭하고 바람직한 부모님일지라도 화가 나면 신경질을 내기도 하고 무조건 명령하거나 지시하기도 합니다. 어떤 경우에는 기분을 상하게 하는 말을 하거나 은근히 위협하기도 하고 동생이나 옆집 친구와 비교를 해서 여러분의 화를 돋우기도 합니다.

물론 그것을 받아들이는 여러분의 태도에도 책임은 있습니다. '우리 아빠는 도무지 얘기가 안 통해.' '우리 엄마 아빠는 구제불능이야.' 라는 식의 잘못된 선입관이나 부정적인 생각도 그중 하나입니다.

예컨대 어떤 문제가 생겨 부모님이 한창 말씀을 하고 계신데 여러분이 삐딱한 자세로 듣는다면 부모님은 이렇게 생각합니다.

'이 녀석 봐라. 아버지가 얘기를 하는데 버릇없이, 듣는 태도가 이게 뭐야? 들어오는데 인사도 안 하고…….'

그때부터 부모님은 기분이 나빠지기 시작합니다. 그래서 여러분의 말을 들어보기도 전에 부정적인 생각을 하게 됩니다. 게다가 컴퓨터나 텔레비전 때문에 그리고 회사일로 바빠 제대로 대화할 시간을 갖기 힘든 경우가 많아서 서로를 이해하기가 점점 더 어려워지기도 합니다.

너무나 당연한 갈등

사람이 어울려 살아가다 보면 갈등이나 불화는 어디서든 발생하게 마련입니다. 그러나 여러분의 옆집 아저씨나 아줌마와는 문제나 갈등이 없겠지요? 만날 일도 거의 없고 함께 밥을 먹거나 한 집에 살지도 않으니 갈등이 일어날 일이 별로 없습니다.

하지만 한 집에 살면서 함께 먹고 함께 자는 부모님과는 갈등과 불화가 끊이질 않습니다. 여러분이 부모님과 아무런 관계도 없는 사이라면 여러분이 매일 늦게 들어오든, 공부를 안 하든, 늘 텔레비전만 보든, 밤새워 컴퓨터를 하든 부모님이 관여할 바가 아닙니다. 그러나 내 아들이기 때문에, 내 딸이기 때문에 부모님이 그토록 여러분에게 관심을 기울이는 것입니다. 그래서 갈등이 생기고 문제가 발생하는 것입니다.

24시간을 함께하지 않는 친구나 선생님과는 설사 그런 갈등이 있더라도 그 순간만 모면하거나 덮어두거나 회피할 수도 있고, 주말이나 방학 그리고 졸업을 하면 잊을 수도 있지만 매일 얼굴을 맞대야 하는 부모님과는 그럴 수도 없어 더 힘든 것입니다.

하지만 어떤 가정이나 기업, 조직에서도 사람이 함께 어울려 살아가는 공간에서는 불화가 생기게 마련입니다. 우리 집만, 우리 엄마나 우리 아빠만, 우리 가족만 그런 것이 아니고 대다수의 집이 그렇습니다. 그것을 받아들이십시오. 그러면 마음이 편안해집니다.

문제는 갈등이나 불화가 아니라 그런 갈등이나 불화를 어떻게 접근해서 얼마나 지혜롭게 풀어 나가느냐 하는, 서로간의 문제해결 능력입니다.

갈등이나 불화가 전혀 없는 사이가 반드시 좋은 관계는 아닙니다. 많은 사람들이 다툼이나 갈등이 전혀 없는 가족이 행복한 가족이라고 생각하지만 그것은 바람직한 가족의 모습이 아닙니다.

그런 가족은 아주 드물뿐더러, 전혀 갈등이 없다는 것은 아예 말문을 닫고, 마음에 빗장을 걸고 포기하는 경우이거나, 아니면 다툼과 문제가 없는 가족처럼 위장하는 경우일 수도 있기 때문입니다.

더러는 언성을 높이고 자기 주장을 내세우며 말도 안 하고 냉전을 벌이거나 서먹서먹해지는 경우도 있지만 대화를 통해 문제를 줄여나가면서 서로를 이해하려고 노력하는 자세가 중요합니다.

몸은 성인, 행동은 유치원생

스무 살짜리 유치원생

보통 대학생쯤 되면 "나는 이제 어린애가 아니에요. 스무 살이 넘으면 법적으로도 엄연한 성인이고 마음대로 결혼을 할 수도 있는 나이니까 엄마 아빠, 이젠 잔소리 좀 그만 하세요. 내 일은 내가 알아서 한다니까요."라고 말합니다.

그래서 제 수업을 듣는 대학생들에게 그렇게 '자기 일을 스스로 알아서 할 정도'라고 생각한다면 가족과 부모님을 위해 무엇을 할 수 있는지 그리고 무엇을 해야 할지 생각해보라는 과제를 냈습니다.

그랬더니 어떤 대답이 나왔는지 아십니까? 너무나 의외의 대답이 나와 한동안 할 말을 잃을 정도였습니다.

아침에 일찍 일어나기

아침밥 꼭꼭 챙겨먹기

동생과 안 싸우고 사이좋게 지내기

개똥은 내가 치우기

내 방은 내가 정리하기

양말은 벗어서 빨래 통에 넣기…….

유치원생도 아니고 '자기 일은 자기가 알아서 한다'는 대학생이 가족과 부모를 위해 할 수 있는 일이 고작 그 정도였습니다.

진정한 어른이란?

이렇게 된 데는 부모님의 잘못도 큽니다. 그저 공부만 잘하면 오냐오냐하며 온갖 뒤치다꺼리를 다 해준 덕분에 아이들이 그렇게 자랐기 때문입니다. 자식을 우상처럼 떠받들고 자식으로서 해야 할 자기 책임과 의무를 제대로 가르치지 않았으니 부모님의 잘못도 크다고 할 수 있습니다.

그래도 대학생 수준이라고 생각될 만한 대답은 술 그만 먹기, 용돈 스스로 벌어서 쓰기, 밤 12시까지는 집에 들어가기, 지방에 계신 부모님께 자주 전화하기, 부모님께 편지 쓰기 정도이고 나머지는 모두 유치원생이나 초등학생이 쓴 것 같았습니다.

여러분처럼 청소년쯤 되면 신체적으로는 거의 엄마 아빠와 비슷한 친구도 있습니다. 말 그대로 겉모습만 보면 성인입니다.

그런데 성인이 된다는 것은 무엇을 의미할까요? 진짜 어른이란 어떤 사람을 두고 하는 말일까요?

대학생쯤 되면 신체적으로는 어른이라고 할 수 있습니다. 지적으로도 마찬가지입니다. 고등학교나 중학교만 졸업해도 기본적인 사회생활을 하는 데 별 지장이 없기 때문입니다. 그리고 만 20세만 넘으면 법적으로도 성인이라고 할 수 있습니다.

하지만 곰곰이 생각해보면 스스로 할 수 있는 것이 많지 않습니다. 아르바이트로 용돈 정도는 스스로 버는 학생이 있지만 먹고 입고 자는 것은 말할 것도 없거니와 등록금, 용돈 등 아직도 경제적인 측면에서는 절대적으로 부모님께 의존하고 있습니다.

그리고 심리적으로, 사회적으로, 도덕적으로 완전한 성인이 되기에는 아직도 더 많은 것을 배우고 깨달아야 하는 어린애일 따름입니다.

되돌아보면 부모님이 주시는 것을 마치 너무나 당연하다는 듯이 받아오기만 했습니다. 감사하다는 인사는커녕 늘 불평 불만과 짜증만 일삼았던 철부지 자식은 아니었는지, 어렵게 사시는 부모님의 사정을 뻔히 알면서도 끊임없이 새로운 컴퓨터, 휴대전화, 브랜드 신발, 옷 등을 사달라고 조르지는 않았는지 되돌아볼 일입니다.

또한 부모님의 말씀에 '이제 나도 어린애가 아니니 잔소리나 간섭 좀 그만하라.'고 대들지는 않았는지 스스로를 돌아보십시오. 부모님은 큰 빚을 진 채무자고 여러분은 큰 소리 떵떵 치며 요구만 하는 채권자 관계가 아닙니다. 당연히 부모님은 부모로서의 책임을 다하지만 여러분 역시 자식으로서 부모님의 뜻을 따라야 할 의무가 있고 가족의 한 사람으로서 가족을 위해 무언가를 해야 할 책임이 있는 것입니다.

그것이 거창하게, 큰돈을 벌어와야 한다거나 밥 짓고 빨래하고 청소를 하거나 자기 학비는 스스로 벌어야 한다는 이야기가 아닙니다. 유치원생이나 초등학생도 아니고 이제는 중학생 또는 고등학생이 되었으니 내가 무엇을 할 수 있는지, 무엇을 해야 할지를 돌아보자는 얘기입니다.

행복하고 건강한 가정을 만들기 위해서는 부모님만이 아니라 이제 여러분도 그 주체가 되어야 하고 주인공이 될 수 있다는 깨달음이 중요한 것입니다.

가장 바보 같은 직업

입사 지원율 0퍼센트

퀴즈를 하나 내겠습니다.

어느 신문에 구인광고가 났는데, 조건은 출퇴근 시간이 따로 없고 주로 낮에 일하지만 밤에도 일해야 하고 간혹 새벽에도 일해야 한다고 합니다. 하는 일은 요리는 물론이고 청소, 수리, 운전 등 해야 할 일이 끝도 없답니다. 게다가 일단 일을 시작하면 자기 마음대로 그만둘 수도 없고 최소한 15년이나 20년, 경우에 따라서는 평생 동안 해야 하는 일이랍니다. 그럼에도 보수는 단 한푼도 없을뿐더러 이 직업을 원하는 사람은 최소한 방 한 칸 정도의 거주지를 스스로 마련해야 한답니다. 이 직업은 과연 무엇일까요?

이미 여러분도 짐작했겠지만 바로 '부모'라는 직업입니다.

부모라는 직업은 출퇴근 시간이 따로 있는 것도 아니고 대체로 낮에 일하지만 갑자기 애가 아프면 한밤중에도 애를 안고 병원으로 달려가야 합니다. 먹을 것도 챙겨주어야 하고 빨래하고 청소하고, 그야말로 아이들을 위해 24시간, 25시간을 뛰어다녀야 합니다.

세탁기, 전기밥솥, 청소기가 다 알아서 해주지 않느냐고 의문을 제기하는 사람이 있을지도 모릅니다.

그러면 세탁기는 우리가 가만히 있어도 혼자 알아서 빨래를 해줍니까? 목에 때가 잔뜩 낀 셔츠는 미리 솔로 비벼야 하고 속옷과 겉옷은 따로 빨아야 하며 양말처럼 때가 잘 지지 않는 것은 직접 솔이나 손으로 비벼 빨아야 합니다. 아무데나 벗어놓은 빨랫감들을 모아 흰 것과 색깔 있는 것을 구별하고 뒤집어서, 세제 넣고 프로그램 선택해서 탈수될 때까지 기다렸다가 널고 말린 다음 걷어서 정리까지 해야 '빨래'가 끝나는 것입니다.

밥도 마찬가지입니다. 쌀 씻어서 앉혀야 하고 밥이 다 되면 주걱으로 뒤적여 떡처럼 엉겨 붙지 않게 해야 합니다. 또 밥만 있으면 밥을 먹을 수 있습니까?

먹던 반찬 올려놓으면 투정을 부리니 오늘은 뭘 해줘야 할지를 고민하는 순간부터 식사 준비가 시작된다고 보아야 합니다. 무거운 장바구니 들고 시장 봐서 애써 음식을 해놓으면 텔레비전이나 컴퓨터에 빠진 여러분은 밥 먹으라고 수십 번을 불러도 오지 않습니다. 결국 직접 엄마가 방까지 와서 끌고 가야 간신히 식탁 앞에 앉는 사람도 있습니다. 그럭저럭 식사가 끝나면 엄마는 또 다시 설거지에, 음식 쓰레기를 정리해서 버려야 합니다. 바로 여기까지가 '밥 하는 것'이라고 할 수 있습니다.

그러면 밥이랑 빨래만 합니까? 청소해야지, 아이들 어디 데려다 주고 데려와야지, 집안도 가꾸어야지, 무언가 고장이 나면 고쳐야지, 학교 가서 급식도우미 해야지, 학습 과제물 챙겨주어야지, 아이가 문제 일으키면 달려가서 뒷수습 해야지, 집안 대소사 챙겨야지, 공과금이나 관리비 내러 은행 가야지, 학비와 용돈 대주고 휴대전화 바꿔주고 어학연수 보내주고…….

부모라는 직업이 해야 할 일은 이처럼 끝이 없습니다. 그러면서도 부모님은 월급 한푼 받질 못합니다. 여러분이 부모님께 월급 준 적 있습니까?

부모라는 직업은 도중에 그만둘 수도 없습니다. 비정하게 자식을 버리고 집을 나가는 부모도 간혹 있지만, 대개 한 번 부모는 영원한 부모입니다. 그리고 결혼시키고 나면 부모 역할이 끝납니까? 아닙니다. 그야말로 부모의 역할은 끝도 없습니다.

그러한 부모의 역할에 비하면 여러분이 하는 공부나 숙제는 아주 단순합니다. 그것도 부모를 위해서 하는 게 아니잖습니까. 어디까지나 여러분 자신을 위한 일입니다.

1,200원과 0원

이제 막 돈에 눈을 뜬 은호는 점점 더 욕심을 부리기 시작했습니다. 그러던 어느 날 은호는 식탁에 작은 쪽지를 하나 올려놓았습니다.

"엄마가 은호에게 진 빚 : 심부름 값 500원, 쓰레기봉투 내다놓기

300원, 화분에 물주기 100원, 청소 300원, 합계 1,200원."

쪽지를 본 엄마는 모든 것을 돈으로만 따지려 드는 은호의 버릇을 고쳐주기 위해 똑같은 방법으로 식탁 위에 1,200원과 함께 작은 쪽지를 올려놓았습니다. 은호는 식탁 위에 있는 돈을 얼른 주머니에 넣고는 그 돈으로 무엇을 할 것인지 열심히 궁리하였습니다. 그러다가 문득 식탁 위에 놓인 쪽지를 보았습니다.

"은호가 엄마에게 진 빚 : 예쁘게 잘 키워준 것 공짜, 감기에 걸렸을 때 밤새워 간호한 것 공짜, 옷과 신발 그리고 책 사준 것 공짜, 세 끼 식사와 아늑한 방 공짜, 합계 0원."

쪽지를 읽은 은호는 한동안 뭔가를 생각하는 듯하더니 주머니에서 1,200원을 꺼내 다시 식탁에 올려놓았습니다. 그 후로 모든 것을 돈으로 계산하고 따지려 들던 은호의 버릇은 사라지게 되었습니다.

어쩌다 설거지 한 번 해주고 대단한 일이라도 한 것처럼 용돈을 요구한다든가, 슈퍼에서 두부 한 모 사오고 심부름 값을 요구하는 사람이 있다면 한번 생각해보십시오.

어머니가 지금까지 설거지를 한 횟수를 한 번 따져보십시오. 하루 세 번 한다고 치고 365일을 하면 일 년만 해도 천 번이 넘습니다. 십 년이면 만 번입니다. 그렇다고 부모님이 여러분에게 숙박료와 식대, 옷값, 안경값, 학비를 내라고 하십니까?

설거지 몇 번 하고, 엄마 아빠 구두 한번 닦아드리고, 자기 방 정리하는 일로 생색내지 말고 이제는 먼저 마음을 열고 다가가십시오.

Open your mind

햇볕정책

우리가 김대중 대통령 시절에 자주 듣던 말 중의 하나가 바로 '햇볕정책' 입니다. 쉽게 표현하면 '좀 더 따뜻하게 우리가 먼저 다가가자' 는 정책을 말합니다.

부모와 자식 간에도 마찬가지입니다. 먼저 다가가십시오.

'왜 내가 먼저 다가가야 하지? 부모님이 먼저 그래야 하는 거 아니야?' 라고 생각하는 사람이 있을지도 모릅니다. 특히 '내가 잘해도 알아주지도 않고 잔소리만 늘어놓는데……. 항상 공부하라는 말뿐이고, 엄마 아빠는 지키지도 않으면서 우리한테만 매일 도덕 교과서처럼 행동하라고 강요하신단 말이야. 또 부모로서 당연히 해줘야 할 일을 해주면서 왜 그렇게 생색은 내는지…….' 같은 태도로 모든 문제가 부모에게만 있다고 생각하는 사람이 있다면 오늘 이 순간부터 먼저 다가가십시오.

그러면 여러분이 먼저 다가가는 방법에는 어떤 것이 있을까요?

내가 할 수 있는 일, 우리 가족을 위해, 우리 부모님을 위해 내가 해야 할 일이 뭐라고 생각합니까?

초등학생은 초등학생대로 중학생은 중학생대로 그리고 고등학생은 고등학생대로 가족을 위해, 부모를 위해 할 수 있는 일이 있습니다. 여러분이 어떤 목표나 할 일을 정할 때는 다음 네 가지 원칙을 명심하십시오.

첫째, 구체적이어야 합니다. '내가 할 일은 내가 알아서 한다.' '학교생활을 충실히 한다.' 같은 목표는 상당히 추상적입니다. '깨우지 않아도 내가 알아서 스스로 일어난다.' '아침 식탁 차리는 것을 도와드린다.' 하는 식으로 구체적으로 정해두어야 합니다.

둘째, 측정이 가능한 것이어야 합니다. '건강을 위해 노력해야겠다.' 같은 목표보다는 '건강을 위해 줄넘기를 하루에 100번 하겠다.' '윗몸 일으키기를 매일 20번 하겠다.' 또는 '수영장 회원으로 등록해서 꼭 25미터 수영에 성공하겠다.' 같은 목표가 좋습니다. 또한 '영어 공부에 힘써야겠다.' 같은 목표보다는 '매일 영자 신문을 읽겠다.' '영어 방송을 매일 보겠다.' 같은 목표가 바람직합니다.

셋째, 실현 가능한 것이어야 합니다. '나는 이번 여름방학에 살을 10킬로그램 빼겠다.' 라는 목표는 실현 가능한 목표도 아니고 바람직한 목표도 아닙니다. '더 이상 체중을 늘리지 않겠다.' 또는 '한 달에 1킬로그램씩, 연말까지 7킬로그램을 줄이고 성공적으로 유지하겠다.' '방학 동안 토익 점수를 30점 올리겠다.' 처럼 적절하게, 너무 욕심 내지 않는 목표를 세워야 합니다.

넷째, 마감 기한이 있어야 합니다. '언제까지라도 좋다.' 이런 목표는 목표가 아닙니다. '책을 10권 읽겠다.' 는 목표도 '이번 여름 방학까지, 이번 연말까지 몇 권을 읽겠다.' 라는 식으로 기간을 명시해야 더욱 확실한 목표가 되는 것입니다.

고맙습니다, 감사합니다

제가 권하고 싶은 방법 또 하나는 엄마 아빠께 감사의 말을 전하는 것입니다. 용돈을 주셔도 아무 말 없이 덥석 받아들고, 맛있는 것을 사주셔도 내 입에 맛있는 것만 챙기기에 바쁘고, 생일날 선물 주는 것은 너무나 당연한 일이고 어쩌다 잊기라도 하면 큰일이라도 난 것처럼 야단법석을 떨었다면 이제 감사하다는 인사를 먼저 해보십시오.

그것도 건성으로 하지 말고 진심에서 우러나오는 말로 해야 합니다.

"고맙습니다." "잘 먹을게요." "진짜 맛있네요." "잘 쓰겠습니다." "요즘 힘드시죠?"

물론 이런 말을 한다고 해서 금방 기쁨을 나타내는 부모님은 드물 것입니다. 하지만 마음속으로는 표현할 수 없을 정도로 뿌듯해서 마치 세상을 다 얻은 듯 기뻐하실 것입니다.

여러분은 부모님의 채권자가 아닙니다. 부모님께 받는 것을 당연하게 생각해서는 안 됩니다. 부모처럼 바보같이 희생하는 사람은 이 세상 어디에도 없습니다. 보수도 안 받고 하루 24시간 내내 그토록 희생하는 사람이 어디 있습니까? 그런데 여러분은 그 흔한 감사의 인사도 하지 않고 있는 것입니다. 여러분은 말 한마디로 천냥 빚을 갚는 것이 아니라 그보다 수십 배 혹은 수백 배의 빚을 갚을 수 있습니다.

상냥하게 웃는 얼굴로 인사 좀 잘 하십시오. 그거 그리 어려운 일 아닙니다. 돈이 드는 것도 아니고 그렇게 힘든 것도 아닙니다. 너무 어려워서 도저히 못하겠다거나 작심삼일을 두려워하는 사람이 있다면 아주 조그마한 것부터 시작하십시오.

'이런 것이 부모님을 위하는 일이라고 할 수 있을까?' 싶은 것도 좋습니다. '요만한 일로 나도 했다고 자랑하기에는 너무 창피한 것 아닌가?' 싶은 것도 좋습니다. 부모님이 지어주신 약 잘 챙겨 먹기, 아침밥 꼭꼭 챙겨 먹기, 내가 먹은 밥그릇 싱크대에 갖다 놓기, 자고난 이부자리 정리하기, 부모님께 존댓말하기 등, 유치원생이나 초등학생도 할 수 있겠다 싶을 정도로 유치한 것이라도 좋습니다.

작심삼일을 두려워하지 마십시오. 꾸준히 실천하는 것은 결코 쉬운 일이 아닙니다. 작심삼일이 걱정되면 작심을 100번 정도 하면 됩니다. 잘 안 될 때마다 마음을 다잡고 작심하고 또 작심하면 일 년도 거뜬히 버텨낼 수 있습니다.

작은 것부터 실천하십시오.

성인을 기준으로 할 때, 인간은 하루 평균 4,800단어를 말하며 산다고 합니다. 그토록 무수히 많은 말을 하면서 부모님께 감사하다는 표현을 하는 데는 왜 그리 인색한 걸까요?

친구에게는 하루에 수십 통의 문자메시지를 보내면서 부모님께는 한 달에 몇 번이나 문자메시지를 보냈는지 세어보십시오.

부모님은 설령 온 세상이 여러분을 지탄하고 비판한다 해도 끝까지 여러분 곁에서 여러분을 안아주고 지켜줄 분들입니다. 그러니 조금만 마음을 열고 부모님 곁으로 먼저 다가가십시오.

놀라운 변화, 한없는 기쁨

여러분이 부모님께 먼저 다가갔을 때, 얻게 되는 이점은 무엇일까요?

일단 기분이 좋아집니다. 아침에 일찍 일어나 아침밥 챙겨먹고 자기 방은 자기가 정돈하고 동생과 싸우지 않고 자기 할 일을 스스로 해내면 자기 스스로 만족감을 느낍니다. 그러다 보면 부모님이나 주변 사람들도 함께 기뻐해주고 인생 자체가 즐거워집니다.

가족들이 여러분에게 어떻게 해주기를 바라지 말고 먼저 다가가십시오. 여러분이 애를 써도 부모님이 무덤덤할 수 있습니다. 어떤 경우에는 "왜 안 하던 짓을 하고 그래?"라며 의아하게 생각하실 수도 있고, "돈이 필요해서 그런 거지?"라고 의심하실 수도 있습니다.

그런 소리를 들으면 잘해보려는 노력이고 뭐고 다 때려치우고 싶은 마음이 들 수도 있습니다. 그래도 참아야 합니다. 그 순간을 극복해야만 합니다. 여러분은 여러분 삶의 주인이기 때문입니다. 여러분은 엄마 아빠가 이끄는 대로 끌려가는 수동적인 존재가 아니라 엄연히 하나의 독립적인 인격체입니다.

가족들이 여러분의 노력에 부정적인 반응을 보여도 꾸준히 계속하십시오. 처음에는 '누가 알아주지도 않는데 내가 왜 바보같이 이런 짓을 하지?' 하는 생각이 들어 속상할 때도 있겠지만 차츰차츰 효과가 누적되어 어느 순간 놀라운 변화가 일어나는 기적 같은 변곡점이 나타납니다.

그러한 변곡점이 바로 1미터 앞에 있다고 생각하고, 포기하지 말고 끝까지 노력해보십시오. 그러면 놀라운 변화, 기적 같은 변화가 일어납니다.

여러분이 가족과 화목하게 지내지 않으면 학교생활도 즐겁지 않습니다. 마음이 불편하면 표정도 밝을 수가 없고 친구에게 짜증이나 신경질을 내다 보면 교우관계도 원만할 수가 없습니다.

우리 엄마, 아빠 문자메시지 하나도 제대로 못 보낸다고 비난만 하지 말고 부모님에게 문자메시지 보내는 방법을 가르쳐주십시오. 컴퓨터 모른다고 핀잔만 주지 말고 조금만 신경 써서 알려주십시오. 그러면 부모님도 변합니다. 자식이 먼저 다가와 관심을 보이는데, 좋아하지 않을 부모가 어디 있겠습니까! 다만 그것을 바로 바로 표현하는 법을 제대로 못 배우신 세대일 뿐입니다.

모든 사회 문제가 가정이나 부모로부터 비롯되는 것은 아니지만, 가정에 적응하지 못한 자식들은 가출을 해서 비행을 저지르고 흡연이나 음주, 약물 중독에 빠지기 쉽습니다.

여기서 한 가지 여러분께 꼭 강조하고 싶은 것이 있습니다. 가족이든 타인이든 누군가에게 뭔가를 해줄 때는 절대로 그에 대한 대가를 바라거나 어떤 기대를 해서는 안 됩니다. 엄마 아빠가 고맙다고 하거나 칭찬해주리라는 기대는 아예 하지 마십시오. 여러분은 그저 가족의 일원으로서 너무도 당연한 일을 하는 것뿐입니다.

기대를 하지 않으면 실망할 일도 없습니다. 그저 당연히 해야 할 일을 하고 있는 것입니다. 그런데 기대하지도 않았는데 식탁 위의 반찬이 달라진다거나 용돈의 액수가 달라지고 부모님이 진심으로 기뻐하고 칭찬을 해주신다면 여러분 역시 더할 나위 없이 기쁘고 행복할 것입니다.

가족 간의 화목은 모든 대인관계의 기초입니다.

여러분이 웃는 얼굴로 부모님의 사랑과 관심에 감사할 줄 안다면 부모님들은 자식들에게 어떻게 해줄까, 뭘 더 줄까로 고민하고 또 고민하실 것입니다.

화목하고 즐거운 부모자식 관계를 밑거름 삼아 여러분의 삶을 주도적으로 가꾸어나가는 행복한 삶의 주인공이 되십시오.

● Tip for Leadership

 가족 사명서

가족 사명서란 가족이 무엇을 원하며, 어떤 가족이 되고 싶은지, 가정 생활을 지배하는 원칙이 무엇인지에 대해서 가족 모두의 생각을 모아놓은 것입니다. 사명서는 가족 생활의 헌법이자 길잡이 역할을 해줍니다.

• **가족 사명서를 작성하기 위해 도움이 되는 질문들**

1. 우리 가족의 목적은 무엇인가?
2. 우리는 어떤 가족이 되고 싶은가?
3. 우리는 어떤 일을 하고 싶은가?
4. 우리는 가정에서 어떤 느낌을 갖고 싶은가?
5. 우리는 서로 어떤 관계를 맺고 싶은가?
6. 우리는 서로 어떻게 대하고 싶은가?
7. 서로 어떻게 말하고 싶은가?
8. 우리 가족에게 진정으로 소중한 일은 무엇인가?
9. 우리 가족의 가장 우선적인 목표들은 무엇인가?
10. 가족 한 사람 한 사람의 독특한 재능은 어떤 것인가?
11. 가족 구성원으로서 우리의 의무는 무엇인가?
12. 우리 가족이 따르기를 원하는 원칙과 길잡이는 무엇인가?
13. 우리가 존경하는 인물은 누구인가?
14. 우리가 그 인물을 좋아하고, 그들을 본받고 싶어하는 이유는 무엇인가?
15. 우리가 본보기로 삼고 싶은 가족은 어느 가족인가?
16. 우리가 그들에게서 배우고 싶은 점은 무엇인가?
17. 우리는 가족으로서 어떻게 이 사회에 공헌할 수 있는가?
18. 어떻게 하면 우리가 좀 더 기꺼이 봉사하고 싶은 마음이 들 수 있는가?

 ## 가족 사명서 사례

사례 1.
'우리 가족 같은 우리 사회'
- 아침에 일어나 서로에게 웃는 얼굴로 인사하는 가족이 되겠습니다.
- 항상 서로의 장점을 발견하여 칭찬하며 지지하고 격려하는 가족이 되겠습니다.
- 나비의 작은 날갯짓의 위대함을 믿고 한번에 하나씩, 욕심내지 않는 가족이 되겠습니다.
- 우리 가족의 빛깔과 향기로 인해 모든 사람들이 행복해지는 세상이 되도록 노력하겠습니다.
- 우리 가족이 맺는 인간관계의 넓이가 곧 우리 가족이 누릴 수 있는 자유와 낭만의 크기라고 믿는 가족이 되겠습니다.

2003년 5월 5일
첫째딸, 김솔   둘째딸, 김가온   엄마, 문동숙   아빠, 김용덕

사례 2.
건강한 가족, 대화가 있는 가족, 갈등과 문제를 지혜롭게 풀어 나가는 가족, 웃음을 만들 줄 아는 가족이 되겠습니다.
- '가족'이라는 이름으로 무엇을 강요하거나 서로를 구속하지 않고 각자의 생각과 욕구, 삶과 꿈을 존중하면서도 많은 것을 함께 나누는 가족, 가족이 함께 공유할 수 있는 가치를 창조하고 실현하는 가족, 민주주의와 평화를 가정 안에서 실천하는 가족이 되겠습니다.
- 가족 간의 예의를 잃지 않고 서로의 성장을 도와주고 격려하는 가족이면서 늘 열심히 공부하는 가족, 정말 소중한 것이 무엇인지, 무엇이 참 행복인지를 항상 돌아보는 가족이 되겠습니다.
- 지나친 가정중심주의와 가족이기주의에 빠지지 않도록, 한 지붕 밑에서 살지도 않고 피를 나눈 가족도 아니지만 모두가 우리 가족이라는 생각으로 늘 남과 더불어 나누면서 사는 정신과 태도를 잃지 않겠습니다.
- 그리고 자신이 하는 일에서 기쁨을 발견하고 그 일을 통해서 이 사회에 기여할 수 있는 사람들로서 사랑과 믿음, 칭찬과 격려 그리고 따뜻한 배려와 용서들로 가정을 채워나가는, 참 보기 좋은 가족이 되도록 노력하겠습니다.

2003년 4월 23일
강학중   조경희   강시내   강바다

6 나눔의 리더십

아름다운 1퍼센트의 힘 _박원순

영국 런던대학 정치경제대학원 박사과정 이수
전 미국 하버드법대 객원연구원
전 대한변호사협회 인권위원
현 아름다운 재단 상임이사

세상에서 가장 귀한 것

행복한 왕자

어느 도시의 광장 한가운데 행복한 왕자의 동상이 우뚝 서 있었습니다. 왕자는 머리부터 발끝까지 번쩍거리는 금으로 칠해져 있었고 두 눈에는 사파이어가 박혀 있었으며 커다란 루비로 만들어진 칼자루는 햇빛에 반사되어 유난히 반짝였습니다.

그러던 어느 날 제비 한 마리가 날아왔습니다. 그 제비는 따뜻한 남쪽 나라를 찾아 이집트로 날아가다가 잠시 쉬려고 동상에 앉았습니다. 그날 밤, 동상의 발밑에서 잠을 자려던 제비는 행복한 왕자가 울고 있다는 것을 알았습니다.

"왜 울고 있죠? 행복한 왕자님!"

"저기 가난하고 헐벗은 사람들의 신음소리가 들리지 않니? 내 몸을 감싸고 있는 이 황금과 두 눈 그리고 칼자루의 보석을 모조리 빼내어 저들에게 주고 싶구나."

"당신은 정말로 마음이 따뜻하군요. 좋아요. 그러면 제가 도와드릴게요."

그리하여 제비는 먼저 칼자루에 박힌 루비를 빼내어 어느 병든 아이를 돌보고 있는 어머니에게 갖다 주었습니다. 그런 다음 차가운 다락방에서 굶고 있는 어느 작가에게 사파이어 하나를 빼다 주었습니다. 그리고 나머지 한쪽 눈은 추위에 떨며 성냥을 팔고 있는 어린 소녀에게 주었습니다.

보석을 모두 나눠주고 나자 왕자의 몸을 덮고 있던 황금을 조금씩 떼어내 굶주림과 가난에 지쳐가고 있는 아이들에게 갖다 주었습니다. 어느덧 왕자는 자신의 모든 것을 내주게 되었습니다. 그리고 끝내는 차가운 겨울 날씨 속에서 심장이 멎고 말았습니다. 제비 또한 왕자의 동상 옆에서 추위에 떨다 이내 숨을 거두고 말았습니다.

그때 하나님이 한 천사에게 말했습니다.

"저 도시에서 가장 귀한 것 둘을 나에게 가져오너라."

도시로 내려온 천사는 하나님께 온기 없는 왕자의 심장과 죽은 제비를 가져다 드렸습니다.

오스카 와일드의 《행복한 왕자》라는 우화입니다.

꼭 여유가 있고 넉넉해야만 남에게 줄 수 있는 것은 아닙니다. 무언가 줄 만한 게 없다면 마음이라도 나눌 수 있습니다. 물질이 아닌 관심과 봉사와 시간을 나눌 수 있다는 말입니다. 나누려는 마

음은 '받는 자보다 주는 자에게 더 복이 있나니.'라는 글귀처럼 더 큰 행복으로 돌아옵니다.

3퍼센트의 힘

바닷물이 짠 이유를 알고 있나요? 동화 속의 이야기처럼 아직도 바다 밑에 맷돌이 돌아가고 있기 때문이라고 생각하나요? 사실은 바닷물에 녹아 있는 3퍼센트의 소금 때문에 바닷물 전체가 짠 것처럼 느껴지는 것입니다.

20세기의 대표적 석학으로 널리 존경 받고 있는 토인비는 자신의 저서《역사의 연구》에서 "역사는 타성을 깨고 돌진하려는 창조적 소수자들에 의해 도약하고 문명이 발전하게 된다."라고 말했습니다.

토인비는 사회를, 창조성을 지닌 소수자와 그렇지 못한 다수자의 집합으로 간주하고 창조적 소수자는 사회의 극히 일부분이지만 새로운 도전에 성공적으로 응전하는 길을 제시함으로써 비창조적 다수자, 즉 대중의 지지를 얻어 그들을 이끈다고 보았던 것입니다.

그러나 성공한 소수자가 과거의 성공에 도취되어 자신의 인격과 제도와 기술을 우상화한다면 재앙과 파멸을 부르게 된다고 하여 경계하기도 했습니다.

실제로 1990년대 초반, 빌 클린턴이 미국 대통령이 되었을 때 미국 언론은 그에게 '3H'를 조심하라고 당부했습니다. 하나는 당시의 골칫거리였던 의료보호Healthcare이고 다른 하나는 그의 부인 힐러리Hillary Clinton, 나머지 하나는 바로 휴브리스Hubris였습니다.

휴브리스란 '자만' 또는 '오만'을 뜻합니다. 토인비가 그 의미를 변용해 역사는 창조적 소수자에 의해 바뀌지만, 그 창조적 소수자는 자신들의 성공을 절대적 진리처럼 우상화하기 쉽다고 꼬집고 있는 것입니다.

성공은 결코 완결형이 아닙니다. 성공은 과정 자체를 즐겨야 하는 진행형이므로 하나의 성공을 이루었다고 해서 그 자리에 주저앉아서는 안 됩니다.

랄프 왈도 에머슨은 진정한 성공에 대해 이렇게 말합니다.

"자주 그리고 많이 웃는 것, 현명한 사람에게 존경을 받고 아이들에게 사랑을 받는 것, 정직한 비평가의 찬사를 받고 친구의 배반을 참아내는 것, 아름다움을 구별할 줄 알고 다른 사람에게서 최선의 것을 발견하는 것, 자신이 태어나기 전보다 세상을 조금이라도 살기 좋은 곳으로 만들어 놓고 떠나는 것 그리고 자신이 한 때 이곳에 살았음으로 해서 단 한 사람의 인생이라도 행복해지게 하는 것이 진정한 성공이다."

온 국민과 온 인류가 진정한 성공의 의미를 깨달아 올바른 리더십을 발휘하면 얼마나 좋을까요? 물론 쉽지 않은 일입니다. 그래도 3퍼센트의 소금이 바닷물의 짠맛을 내는 것처럼 우리 사회에 3퍼센트만이라도 깨어 있고 올바르게 살고자 노력하는 사람이 있다면 이 세상은 더 이상의 부패없이 깨끗하게 유지될 수 있을 것입니다.

습관의 차이가 운명을 바꾼다

워털루 전쟁의 교훈

삶에서 형식은 그리 중요하지 않습니다. 실질이 중요하고 내용이 중요하고 실력이 중요합니다.

1815년 6월 18일, 나폴레옹과 웰링턴이 벌였던 치열한 전투를 끝으로 23년에 걸친 오랜 전쟁이 끝났습니다. 이 전투는 나폴레옹이 복귀한 백일천하 때 워털루 남쪽 5킬로미터 지점에서, 나폴레옹의 7만2천 병력과 웰링턴 장군의 동맹군 6만8천 명(영국, 네덜란드, 벨기에, 독일군대) 및 블뤼허의 주력부대인 약 4만5천 명의 프로이센군 사이에 벌어졌습니다.

그동안 나폴레옹이 전쟁에서 승승장구했던 요인은 전광석화와 같은 기습작전에 있었는데 파리에서 워털루까지 200킬로미터를 넘게 달려온 프랑스군에게는 속전속결이 힘에 부칠 수밖에 없었습니다. 그런데다가 결전의 날이 밝았을 때, 땅은 전날 내린 폭우로 진흙탕이 되어 있었고 비 온 뒤의 안개로 시야마저 흐릿한 상황이었습니다.

할 수 없이 나폴레옹은 정오까지 땅이 마르기를 기다리기로 하는, 중대한 과오를 저지르게 되었고 그 사이에 웰링턴은 블뤼허의 프로이센군이 돌아와 영국군과 합류할 수 있는 시간을 벌 수 있었습니다.

결국 나폴레옹은 웰링턴의 군대에 대패를 하게 되었습니다. 싸움에서 이긴 뒤, 승리감에 취해 있던 사람들은 웰링턴 장군에게 몰려가 어떻게 나폴레옹을 상대로 이길 수 있었는지를 물었습니다. 그러자 그는 이렇게 대답했습니다.

"이 싸움의 승리는 이미 몇 십 년 전에 내가 다녔던 이튼스쿨(명문 사립학교)에서부터 결판이 나 있었습니다."

어린 시절을 어떻게 보내느냐가 얼마나 중요한지를 일깨우는 일화라고 할 수 있습니다.

습관과 생각의 차이

지금 여러분 곁에 있는 친구를 한번 생각해보십시오. 지금은 아주 가까이 있지만 10년이나 20년이 지나면 같은 친구들이고 같은 학교를 다녔을지라도 서로의 눈에 상대방이 보이지 않을 수도 있습니다.

일터가 너무 멀리 떨어져 있거나 근무지가 달라서 볼 수 없다는 뜻이 아닙니다. 사람의 인격과 인생의 내용이 많이 달라져 사고나 행동에서 상대방과 커다란 차이가 나타난다는 말입니다.

작은 생활 습관과 생각의 차이가 20년 혹은 30년이 지나면 엄청난 차이를 만들어냅니다. 아마도 여러분은 많은 변화를 겪으면서 서로 다른 사람으로 거듭나 있을 것입니다.

혹시 여러분에게 자신이 맡은 일을 충실히 하지 않고 대충 해버리는 나쁜 습관이 있지는 않습니까? 일을 대충 처리하는 습관이 있는 사람은 스스로에 대해 자긍심을 가질 수 없고 자기 자신에 대한 신뢰도가 낮아집니다. 그런 사람이 뭔가를 잘한다는 것은 결코 있을 수 없습니다.

나태하고 부주의한 습관은 단번에 생기지 않습니다. 자신도 모르게 서서히 익숙해집니다. 그리고 그러한 습관에 젖어들면 나태하고 부주의하게 행동하면서도 자신이 최선을 다하고 있다고 믿게 되는 문제가 생깁니다. 더 심각한 것은 '적당히 하면 되겠지.'로 일관하다 보면 실패를 해도 그 이유를 깨닫지 못한다는 점입니다.

수년 전, 런던에서 구조선의 물이 새는 사고가 발생했습니다. 결함이 발견된 구조선을 뭍으로 끌어올려 수선을 하던 중에 어이없게도 배의 밑바닥에서 시뻘겋게 녹이 슨 망치 하나가 발견되었습니다. 곧 망치가 왜 배 안에 들어 있는지 조사가 시작되었고, 정밀 검사 결과 13년 전에 배를 만든 사람이 실수로 망치를 배의 밑바닥에 두고 그대로 못을 박았다는 사실이 드러났습니다.

그리하여 구조선이 파도에 흔들릴 때마다 망치도 함께 움직이면서 두꺼운 판자에 계속 마찰을 가했고 마침내 구멍이 뚫리고 말았던 것입니다.

또한 어느 해에 프랑스에서 비행기 추락으로 346명이 사망하는 대형사고가 발생했는데, 그 사고의 원인은 아주 작은 나사 때문이었습니다. 나사가 빠져 화물칸의 문이 완전히 닫히지 않아 사고가 일어난 것입니다.

대충 처리하는 안일한 습관은 이처럼 엄청난 결과를 초래할 수 있습니다. 아무리 사소하고 작은 것일지라도 나쁜 습관이 있다면 분명 경쟁 대열에서 뒤로 처질 수밖에 없습니다. 특히 그 어느 때보다 기회가 많은 요즘에는 '게으르고 무능한 것'이 변명거리가 되지 못합니다.

1494년의 어느 여름 날, 한 정원사가 나무로 된 화분에 열심히 조각을 하고 있었습니다. 아침 산책을 하다가 그 모습을 본 영주가 정원사에게 다가가 이렇게 말했습니다.

"새벽부터 그렇게 열심히 일한다고 알아주는 것도 아니고, 그렇다고 돈을 더 많이 받는 것도 아닐 텐데 잠이나 더 잘 것이지 왜 이렇게 사서 고생을 하고 있는가?"

그러자 정원사가 빙그레 웃으며 말했습니다.

"저는 이 정원을 사랑합니다. 그리고 이 정원을 아름답게 가꾸는 것이 바로 제 임무입니다. 보수와 상관없이 저는 이 일이 좋아 항상 기쁘게 일하고 있습니다."

정원사의 말에 감동을 받은 영주는 정원사에게 미술공부를 할 수 있는 기회를 주게 되었는데, 그 정원사가 바로 르네상스 시대의 최고 미술가인 미켈란젤로입니다.

최선만이 최상이다

여러분이 무슨 일을 하든 항상 최상의 결과를 얻을 수 있도록 좋은 습관을 들이십시오. 노력한 대가가 어느 정도인가에 대해 지나치게 집착하지 말고 좋은 습관을 쌓아 원칙에 따라 소신껏 행동하는 태도를 갖추십시오. 에디슨은 이렇게 말했습니다.

"어떤 사람이 다른 사람보다 더 좋은 책을 쓰고 더 훌륭한 설교를 하고 더 좋은 제품을 생산한다면 그의 집이 비록 숲 속에 있을지라도 사람들은 그를 찾아갈 것이다."

좋은 습관을 지닌 사람은 언제 어디서든 자신의 일을 책임 있게 처리합니다. 일을 대충 처리하여 늘 남의 뒷전에서 맴돌며 성취감이나 만족감을 느끼지 못하는 사람들과 반대로 삶의 뿌듯함을 느끼게 됩니다. 청소년 시절부터 좋은 습관을 들이십시오. 게으른 습관을 갖게 되면 자신의 위치를 개선하기는커녕 오히려 도태되고 맙니다.

'최선이 최상'이라는 말도 있습니다. '최선을 다하는 것만이 가장 바람직하다.'고 생각한다면 여러분이 느끼는 만족감은 더욱 커질 것입니다.

세상에 나누지 못할 것은 없다

축복받은 삶

하루에 1달러 미만으로 생활하는 사람이 전 세계에 10억 명이나 된다고 합니다. 60억의 인구 중에서 10억 명의 인구가 하루에 겨우 천 원이 약간 넘는 돈으로 살고 있다는 말입니다.

여러분에게 먹을 것과 입을 것 그리고 잠잘 곳이 있다면 세상 사람들의 75퍼센트보다 더 큰 축복을 받은 것이라고 합니다. 여러분이 은행이나 지갑에 약간의 돈이 있고 돼지저금통에 동전을 모아 놓았다면 이 세상의 8퍼센트 안에 드는 부자라고 합니다. 또 여러분이 글을 읽을 줄 안다면 세상의 20억의 사람들보다 더 큰 축복을 누리고 있는 것이랍니다.

여러분은 몇 퍼센트에 해당되나요? 아마도 여러분은 이미 많은 것을 소유하고 있을 것입니다.

죽음의 상인에서 영혼이 아름다운 사람으로

1884년 4월의 어느 날, 신문의 1면에 세계적인 거부 노벨이 사망했다는 기사가 커다랗게 실렸습니다. 사실은 노벨이 아니라 그의 형이 죽었는데 기사가 잘못 나간 것입니다. 하지만 기사를 본 노벨은 정신이 아득해지고 눈앞이 캄캄해졌습니다. 자신이 살아있으니 오보라는 것은 알고 있었지만, 기자가 머리글로 뽑아놓은 한마디에 머릿속이 텅 비어버린 듯했습니다.

"다이너마이트를 발명한 죽음의 상인 노벨, 사망하다!"

노벨은 계속 집안을 서성이며 '내가 죽음의 상인이라는 이름으로 불리고 있구나.'라는 생각을 떨쳐버리지 못해 괴로워했습니다. 며칠 동안이나 밤잠을 못 이루고 괴로워하던 노벨은 이제라도 인류를 위해 뭔가를 해야겠다는 결심을 했고 마침내 전 재산을 털어 노벨상을 만들었습니다.

'아름다운 사람'이라고 하면 사람들은 보통 외모나 몸매를 떠올립니다. 하지만 제가 볼 때 가장 아름다운 사람은 바로 '영혼이 아름다운 사람'입니다.

1퍼센트의 어떤 것

실제로 영혼이 아름다운 수많은 사람들이 1퍼센트의 나눔을 실천하고 있습니다. 여러분도 알다시피 교회에 가면 십일조 헌금이라고 해서 자신이 벌어들이는 수입의 10퍼센트를 내고 있습니다. 그런 것처럼 자기 수입의 1퍼센트를 이웃을 위해 쓰는 것입니다.

전국 곳곳에서 1퍼센트를 나누는 일에 많은 사람들이 동참하고 있습니다. 부모님에게서 받은 유산의 1퍼센트를 내놓는 사람, 월급의 1퍼센트를 내놓는 사람, 물건을 팔아 벌어들인 수익금 중에서 1퍼센트를 기부하는 사람 등 우리 주변에는 1퍼센트의 나눔에 동참하여 열심히 사회를 위해 봉사하는 사람들이 많이 있습니다.

숲 속에 청초하게 피어난 아름다운 꽃처럼, 자신을 드러내지 않고 '나눔의 미학'을 몸소 실천하고 있는 것입니다.

할머니의 힘

옛날 우리네 조상들은 가을에 감나무에서 감을 딸 때 반드시 몇 개는 남겨두었습니다. 지나가던 까치가 나뭇가지에서 날개를 쉬며 허기를 채울 수 있도록 까치밥을 남겨두었던 것입니다. 재미있는 사실은 할아버지들은 감나무에 흐드러지게 달린 감을 모두 따내시려고 하지만, 할머니들은 꼭 몇 개를 남겨놓으신다는 점입니다.

곰곰이 생각해보면 우리나라의 할머니들은 참으로 훌륭하신 것 같습니다. 국밥장수 할머니, 헌옷 수선하시는 할머니, 콩나물장수 할머니 등 할머니들이 고생고생해서 모은 돈을 대학이나 불우이웃을 위해 기부하셨다는 말은 많지만 할아버지가 기부하셨다는 얘기는 별로 들려오지 않으니 말입니다.

가끔 매스컴을 통해 일찍 홀로 되시어 평생을 험한 일을 하시며 모은 돈을 좋은 일에 써달라며 건네시는 할머니의 이야기를 듣고 있으면 가슴이 뭉클해집니다. 솔직히 이 세상에는 평생을 쓰고도 남을 만큼 많은 재물을 쌓아놓고도 기부는커녕 더 많은 재물을 긁어모으기 위해 또는 재물을 잃지 않기 위해 온갖 수단과 방법을 가리지 않는 사람이 얼마나 많습니까!

그렇기 때문에 부자가 천국에 가는 것은 낙타가 바늘구멍을 통과하는 것보다 더 어렵다고 하는지도 모릅니다.

나눔은 실천이다

우리나라에는 지금 여러분 또래의 소년소녀 가장들이 상당히 많습니다. 그 아이들도 분명 원하는 것이 있을 것이고 하고 싶은 것, 보고 싶은 것이 있을 것입니다. 그래서 더욱 나눔이 필요합니다. 부모님이 안 계시고 설령 계시더라도 병환 중이시라 보살핌 대신 오히려 돌봐드려야 할 처지라면 사회가 나서서 소년소녀 가장들을 돕고 함께 잘살 수 있는 길을 만들어나가야 하지 않을까요?

저는 아름다운 재단에서 활동하면서 참으로 아름다운 분들을 많이 만났습니다. 광고매출의 1퍼센트를 기부하는 사장님, 수익금의 일부를 내놓는 기업체, 한푼 두푼 모은 돼지저금통을 가져오는 어린이, 저술활동의 대가로 받은 돈의 일부를 기부하는 작가 등 수많은 사람들이 나눔의 삶을 실천하고 있습니다.

세상에 나누지 못할 것은 없습니다. 마음만 있으면 그야말로 10

원짜리도 5원으로 나눌 수 있습니다. 서로 서로 나누고 양보하면 세상은 아름다워질 수밖에 없습니다.

인생에서 중요한 것은 여러분이 '무엇을' 얻었느냐보다 여러분이 '어떤' 사람이 되었느냐에 있습니다.

진정한 부자는 마음이 부자인 사람

진정한 성공이란?

여러분은 성공이 무엇이라고 생각합니까?

미국의 철강왕 카네기나 현대를 일으킨 정주영 또는 삼성의 이건희처럼 엄청난 돈을 벌어들이는 것을 성공이라고 생각합니까? 아니면 한류열풍을 일으키는 탤런트처럼 스타가 되는 것을 성공이라고 생각합니까?

미국의 철강왕 카네기는 엄청난 돈을 벌어들인 사업가지만 사실 카네기가 운영했던 철강회사는 지금 남아 있지 않습니다. 그래도 그의 이름은 여전히 빛나고 있습니다. '철강왕'으로서가 아니라 '자선왕'으로서 말입니다. 그는 평생 벌어들인 돈을 투자하여 미국 전역에 3천 개의 공공도서관을 지었고, 미국뿐만 아니라 세계 곳곳에 거액의 돈을 기부하여 인류를 위해 많은 공헌을 했습니다.

지금은 카네기도 죽고 카네기의 회사도 없어졌지만 카네기라는 이름은 영원히 남을 것이고 또한 그가 남긴 뜻있는 재산은 지금 이 순간에도 인류의 평화를 위해 쓰이고 있습니다.

삶의 궁극적인 목표는 인간의 정신을 더 좋은 방향으로 개발하고 더 훌륭하게 하는 데 있습니다. 삶의 목표를 잘 알고 있는 사람은 물질적인 성과로 성공을 재지 않습니다. 물질이라는 것은 시간이 지나면서 소멸하고 그 위에 새로운 물질문명이 다시 세워진다는 것을 알고 있기 때문입니다.

그렇다면 물질이 소멸된 후에도 길이길이 남는 것은 무엇일까요? 그것은 바로 인간의 마음, 즉 정신상태입니다.

어쩌면 여러분은 명예와 부를 한꺼번에 얻는 것을 성공이라고 생각할지도 모릅니다. 그러면 노태우 전 대통령이 성공했습니까? 전두환 전 대통령이 성공했습니까? 물론 이들이 국민을 위해 애쓴 점도 있을 것입니다. 하지만 국민들은 이들을 그다지 우호적인 눈길로 보는 것 같지 않습니다.

정말로 성공한 사람은 김군자 할머니 같은 분입니다. 김군자 할머니는 일본군에 위안부로 끌려가 엄청난 고생을 하셨습니다. 가슴속에 시커먼 멍이 남아 있을 할머니는 결혼도 못하고 자식도 없이 홀로 평생을 고생하며 사셨지만, 한푼 두푼 모은 오천만 원을 좋은 일에 써달라며 기부를 하셨습니다. 그 돈으로 또 어려운 누군가를 도우면서 얼마나 가슴 떨리고 마음이 벅차오르던지!

할머니가 주신 돈은 다른 여러 곳에서 보내온 돈과 함께 고아들 중에서 상급학교에 진학하지 못한 아이들을 위해 썼는데, 귀하고 귀한 돈이라 한푼 한푼을 알차게 썼습니다.

삶의 가치 그리고 성공의 잣대는 생각에 따라 달라집니다. 대통령을 지냈어도 그에 대한 평가가 지금까지 비난 일색이라면 성공이라고 할 수 있겠습니까? 이웃을 사랑하고 어려운 사람을 도울 줄 아는 따뜻한 마음을 나누는 것이야말로 진정한 성공에 한발 더 다가서는 의미있는 베풂입니다.

끝없는 욕심

사람의 욕심이라는 것은 끝이 없습니다.

일단 집이 생기면 평수를 따지고 여기에 별장까지 욕심을 부리게 됩니다. 자동차도 최고급 모델로 사려고 애를 씁니다. 집의 평수가 넓어지고 별장이 생기면 그 안이 텅 비어 있습니까? 온갖 살림을 들여놓으려 또 다시 물건을 사들입니다.

어떤 중년부부가 있었는데 살림살이가 점점 나아지자 어느 날 부인이 집안 살림을 바꿔야겠다고 말했습니다.

"소파를 좀 더 품위 있는 것으로 바꾸면 어때요?"

"당신이 원하는 수준의 소파라면 3백만 원은 주어야 할 거요."

그래도 여유가 있었던지라 그들은 소파를 구입했습니다. 그랬더니 이번에는 소파에 걸맞은 의자를 사야만 했습니다. 그런 다음 집안을 둘러보니 뭔가 구색이 안 맞는 것 같아 그에 어울리게 장식장과 카펫, 책장도 사들였습니다. 살림이 점점 늘어나자 갑자기 집이 좁게 느껴졌습니다. 결국 그들은 새로 들여온 살림에 알맞게 새로 집을 지어야겠다는 생각까지 하게 되었습니다.

이들이 정말 새 집을 지었다면 아마 파산하고 말았을 것입니다.

그러나 다행스럽게도 그들은 그쯤에서 자신들의 잘못을 깨닫고 욕심을 버렸다고 합니다.

무소유와 집착

법정 스님의 《무소유》라는 책을 읽어보았나요?

어느 날 스님은 지인에게서 난초를 선물 받습니다. 그 후 스님은 볼일이 있어 밖에 나갈 때도 난초 생각에 서둘러 돌아오고, 자주 문을 열어 환기를 하는 등 좋은 환경을 갖춰주려 애를 쓰게 됩니다. 그러던 어느 날 스님은 문득 그 난초가 집착의 원인이 되었음을 깨닫습니다. 고민하던 스님은 난초를 친구에게 주고 홀가분한 기분을 느낍니다.

허유괘표許由掛瓢란 고사성어처럼 마음이 깨끗한 사람에게는 하찮은 물건도 마음을 괴롭히는 물건이 될 뿐입니다.

중국 요임금 시절에 허유라는 선비가 속세를 피해 기산에서 살고 있었습니다. 그는 목이 마르면 시냇가에 나가 두 손으로 물을 떠마셨고 자고 싶으면 아무데서나 나무뿌리를 베고 잠들었습니다.

그러던 어느 날 허유가 두 손으로 물을 떠 마시고 있는데, 곁에서 빨래를 하던 아낙네가 그 모습이 딱해 보였는지 쪽박 하나를 그에게 주었습니다. 비록 작은 쪽박일망정 아무것도 소유하지 않았던 허유에게는 이내 짐이 되었습니다.

나무뿌리를 베고 잠을 청하려 하면 나뭇가지에 걸어둔 쪽박이 바람에 흔들거리며 귀를 거슬리게 했고, 돌아다닐 때도 간수하느라 신경이 쓰였습니다. 결국 허유는 "역시 아무것도 없는 것이 좋아."라고 하며 쪽박을 내다버렸습니다.

진짜 부자

"나는 꼭 10억을 벌 거야." "나는 대기업의 사장이 되겠어." 같은 목표는 "나는 이다음에 꼭 어려운 사람들을 도울 거야." 같은 목표보다 실천하기가 훨씬 더 쉽습니다. 실제로 요즘 불고 있는 10억 만들기 열풍처럼 많은 사람들이 그 정도의 돈을 벌면 행복하리라고 생각합니다. 그러나 정작 10억을 벌어들인 사람은 또 다시 20억을 향해 도전하고, 20억을 벌어들인 사람은 30억, 50억을 향해 질주합니다.

그렇다면 부와 명예를 한 손에 거머쥔 사람들은 행복했을까요? 전 세계적으로 엄청난 땅을 정복한 알렉산더 대왕은 불행하게도 33세에 죽고 말았습니다. 부와 권력을 얻은 나폴레옹 역시 추방되어 혼자 쓸쓸히 죽었습니다.

부와 명예 그 자체가 비참한 결과를 가져온다는 말은 아닙니다. 또한 가난이 행복을 가져온다는 것도 아닙니다. 중요한 것은 '어떠한 마음자세로 살아가느냐' 입니다.

아리스토텔레스는 이렇게 말했습니다.

"이상적인 인간이란 남에게 친절을 베푸는 데서 기쁨을 느끼는 사람을 말한다."

부자면서도 가난한 사람들은 얼마든지 있습니다. 반대로 가난하면서 부자인 경우도 많습니다. 진짜 부자는 정직하게 벌어서 인류의 복지를 위해 씁니다. 그들은 결코 개인적인 이득을 위해 돈을 벌지 않습니다.

마음이 성숙한 사람은 돈이 자기 인생을 비참하게 하도록 그냥 내버려두지 않습니다.

쓸모없는 존재란 없다

세상에 존재하는 이유

혹시 《큰 바위 얼굴》이라는 단편소설을 기억합니까? 교과서에 실려 있는 내용이라 여러분 모두가 그 내용을 알고 있을 것입니다.

우리에게 《주홍글씨》로 잘 알려져 있는 나사니엘 호손은 이 작품을 통해 이상적인 인간상을 추구하고 있습니다.

남북전쟁 직후, 어니스트는 어머니에게서 바위언덕에 새겨진 큰 바위 얼굴과 닮은 아이가 태어나 훌륭한 인물이 될 것이라는 전설을 듣습니다. 어니스트는 커서 그런 사람을 만나보고 싶다는 소망을 품게 되었고, 자신도 큰 바위 얼굴처럼 되기 위해 어떻게 살아야 할지를 고민하면서 진실하고 겸손하게 살아갑니다.

세월이 흐르면서 어니스트는 돈 많은 부자, 싸움 잘하는 장군, 말 잘하는 정치인, 글 잘 쓰는 시인들을 만났지만 그들은 한결같이 큰 바위 얼굴처럼 훌륭한 사람으로 보이지는 않았습니다. 오히려 그들 같은 위선자들에게 실망한 어니스트는 홀로 조용히 사색하면서 자신의 철학을 만들어

갔고 그러다 보니 어느새 현인으로 이름을 떨치게 되었습니다.

그러던 어느 날 어니스트의 설교를 듣고 있던 한 시인이 이렇게 외칩니다. "어니스트가 바로 큰 바위 얼굴이다!"

하지만 할 말을 마친 어니스트는 집으로 돌아가면서 큰 바위 얼굴을 닮은, 현명하고 훌륭한 사람이 나타나기를 마음속으로 바랍니다.

여러분의 꿈은 아주 다양하고 무궁무진할 것입니다. 중요한 것은 남들의 잣대나 시각이 아니라 여러분 자신의 생각입니다.

이 세상에 존재하는 것은 무엇이든, 하다못해 풀 한 포기까지도 모두 아름답습니다. 이 세상에 필요하지 않은 존재란 없습니다. 마찬가지로 모든 직업 또한 중요합니다.

지금 이 순간 최선을 다하라

이제 여러분들이 성장하면 훌륭한 공직자, 천문학자, 교사 등 이 사회의 중추를 담당할 사람들이 될 것입니다. 결코 직급에 연연하지 말고 설령 작은 시골마을에서 근무한다 해도 주민들에게 감동을 주는 사람이 되십시오. 저는 약속을 지키지 못하거나 국민들의 지탄을 받는 대통령보다 그런 분들이 훨씬 더 훌륭하다고 생각합니다.

사실 리더란 그리 대단한 게 아닙니다. 여러분들은 흔히 '리더'라고 하면 누군가를 이끌고 앞장서는 것을 생각하는데, 앞장을 서든 뒤따라오든 중요한 것은 남을 배려하고 먼저 생각할 줄 아는 여유 있는 마음자세입니다. 그런 사람이 바로 리더입니다.

리더는 앞에 나와 떠드는 사람이 아니라 뒤에서 자신의 일을 충실히 해내는 사람을 말합니다. 뒤에 있더라도 맡은 역할을 성실하게 해내는 사람은 눈에 띄게 마련입니다. 그러니 너무 초조하게 생각할 필요가 없습니다. 실력을 키우는 것이 중요하지 앞장서는 것이 중요한 게 아닙니다.

"큰 덕을 갖추고 있으면 자리는 저절로 온다."라는 말이 있습니다. 자리는 그리 중요한 게 아닙니다. 사실 자신의 능력에 맞지 않는 자리에 앉아 있으면 자기 자신에게는 물론이고 남에게도 피해를 주게 됩니다. 그러므로 알맞은 자리에서 최선을 다해 일을 추진하는 모습이 훨씬 더 낫습니다.

간절히 원하면 이루어진다

살다 보면 어렸을 때의 꿈을 100퍼센트 간직할 수 없을지도 모릅니다. 하지만 어릴 때의 꿈을 계속 간직하고 그 꿈을 향해 자연스럽게 나아가다 보면 어느새 그 꿈을 이룬 자신을 만나게 됩니다.

성공은 여러 가지 요소에 달려 있습니다. 그리고 진정 인생에서 성공한 사람이란 깊고 성숙한 행복을 아는 사람입니다. 굳이 세상의 잣대에 맞춰 성공을 추구하지 마십시오.

꿈을 꾸십시오. 그리고 그것을 간절히 원하십시오. 되어도 그만 안 되어도 그만이어서는 안 됩니다. 정말로 간절히 꿈을 꾸면 그 꿈은 꼭 이루어집니다.

20년 후에 여러분은 과연 어떤 사람이 되어 있을까요?

● Tip for Leadership

 승승합의서(win-win agreement)를 만들어보세요

"넌 왜 이렇게 공부를 안 하니? 아침에 스스로 일어날 수 없니? 옆집 아이는 이번 중간고사 때 반에서 몇 등 했다고 하는데 너는 도대체 뭐니?"
여러분은 부모님께서 강압적으로 무엇인가를 지시한다거나 일방적으로 강요할 때 어떤 기분이 드시나요?
여러분의 부모님에 대한 기대는 어느 정도 충족되고 있나요? 만족할 만한가요? 부모님과 나의 기대가 모두 충족되어 서로 만족할 수 있는, 그리하여 대화가 통하는 행복한 가정, 서로 존중되고 있다는 느낌이 가득한 가정을 만들 수 있는 좋은 도구가 있습니다. 그것은 바로 '승-승' 합의서입니다.

승-승
승-승을 추구하는 태도는 나도 이기고 남도 이길 수 있다는 자세를 가지고 삶을 대하는 것을 말합니다. '나 아니면 너'가 아니라 '둘이서 함께'인 것입니다. 승-승을 추구하는 것은 원만한 인간관계를 유지하기 위한 초석이 됩니다. 그것은 모든 사람은 평등하고, 더 나은 사람도 모자란 사람도 없으며, 또 그렇게 되어서도 안 된다는 믿음에서 출발합니다.
승-승을 추구하기 위해서는 모두가 같이 승리할 수 있다는 믿음이 필요합니다. '나는 널 밟고 올라서지 않겠다. 그렇다고 너의 '발판'이 되어주지도 않겠다'는 자세라고 할 수 있는데, 멋진 모습이기도 하지만 힘든 일이기도 합니다.
승-승을 추구하는 태도는 항상 새로운 가치를 만들어내는, 음식이 떨어지지 않는 뷔페와 같습니다.

승-승 합의서
나도 이기고(만족하고) 부모님도 이기게(만족하게) 하는 해결책을 찾으려고 하는 노력이 바로 승-승을 추구하는 태도입니다. 그런데 대개 이 기대를 삶에서 어떻게 구체적으로 실현하여 좋은 결과를 얻어낼 수 있는지, 그 방법은 모르고 있습니다. 승-승 합의서는 이러한 상호간의 기대를 충족시켜 서로 만족하는 결과를 얻어낼 수 있도록 해주는 좋은 도구입니다.
효과적인 승-승 합의서는 기대성과, 실행지침, 성과분석, 손익결과 등에 대하여 서로 분명하게 이해하고 합의하게 해줍니다.

기대성과	최종 목표, 목적 결과를 분명히 해준다.
실행지침	성과 달성의 범위와 마감시간을 명백하게 한다.
성과분석	일의 진행과정과 성과 달성을 측정하는 기준과 방법들을 알려준다.
손익결과	승-승 합의의 달성 여부에 따른 손익 결과나 상벌 내용을 분명히 해둔다.

승-승 합의서 사례
승-승 합의서-성공을 도와주는 약속 만들기(안상열)

	기대성과 약속정하기 (서로에게 바라는 점)	실행지침 약속은 어떻게 지키지?	성과분석 어떻게 확인하지?	손익결과 약속을 지키면?
1	아침에 스스로 일어나기	학교 가는 날에는 자신의 의지로 7시에 일어난다.	매일 엄마가 확인하고 한 달에 한 번씩 시상한다.	자신감이 늘어난다. 새로 컴퓨터를 구입할 수 있도록 스스로 일어날 때마다 천 원씩 저축해준다.
2	칭찬 많이 해주는 엄마, 아빠 되기	하루에 3가지씩 꼭 칭찬한다.	칭찬한 횟수만큼 달력에 스티커를 붙이고 매주 집계한다.	일주일에 스티커가 15개 이상이면 주말에 엄마를 위해 설거지를 한다.
3	'주니어 성공 도와주기 워크숍' 소감문 보내기	약속한 날까지 자녀가 소감문을 홈페이지에 올린다.	다음날 부모님이 홈페이지에서 확인한다.	소감문을 제출했으면 SG워너비 최신 CD를 사준다.
4	하루에 책 2권 읽기(학원 마치고 1권, 자기 전에 1권)	주니어플래너에 책 제목과 지은이를 체크한다.	한 주마다 플래너를 검사한다.	14개 맞으면 칭찬동전 3개(6개 이상이면 용돈 1만 원), 실천을 못 했다면 1권마다 컴퓨터게임 시간을 10분 줄인다.

작 성 일:　　　년　　　월　　　일　　　　부모:　　　　　　서명:
적용기간:　　　월　　일 ～ 　월　　일　　자녀:　　　　　　서명:

7 부자 리더십

10대여, 아름다운 부자가 되라 _오연석

> 미국 일리노이주 오로라대학(MBA)
> 전 한누리투자증권 국내외영업본부 상무이사
> 현 경기대학교 서비스경영 전문대학원 박사과정
> 현 ㈜THE벤처캐피탈 대표이사

실물경제를 알아야 돈을 번다

돈은 어떻게 버나요?

세상에서 가장 무거운 것은 바로 '빈 지갑'이라고 합니다. 돈은 인생에 있어서 무엇보다 중요한 것 중의 하나이고 돈이 없으면 세상을 살아갈 수 없을 정도입니다.

물론 예수님이나 부처님처럼 돈에 의지하지 않고서도 훌륭하게 인생을 살아가신 분들도 계십니다. 그래서 우리는 그 분들을 성인으로 받들며 존경합니다. 하지만 보통 사람들에게 있어서 돈은 올바른 삶을 살아가는 데 반드시 필요한 것들 중 하나입니다. 우리 말에도 "곳간에서 인심 난다."라는 말이 있듯이 말입니다.

삶을 영위하는 데 돈이 얼마나 중요한지는 굳이 장황하게 설명할 필요가 없을 것입니다. 물론 돈으로 살 수 없는 것이 훨씬 많습니다. 그러나 돈이 없는 것보다는 돈이 있는 것이 확실히 행복합니다.

모든 사람들이 원하는 것 중의 하나는 바로 '물질적인 부'입니다. 열심히 공부를 하는 이유도 좋은 직장을 구해 잘 먹고 잘 살기 위한 돈을 벌기 위해서입니다.

하지만 정작 돈을 어떻게 잘 벌고 어떻게 잘 관리하고 어떻게 잘 써야 하는지에 대해 구체적으로 가르쳐주는 곳은 없습니다.

금융교육은 어려서부터

미국 연방준비제도이사회의 의장을 맡고 있는 앨런 그린스펀은 그야말로 세계금융을 총괄하는 사람으로 그의 말 한마디에 각국 경제가 춤을 출 정도입니다.

두꺼운 안경을 쓰고 여든을 바라보는 나이에도 왕성하게 활동하는 그는 10여 년 전에 이렇게 주창한 적이 있습니다.

"제발, 수학과 영어 공부시간을 줄이고 일주일에 한두 시간 정도는 금융을 가르치십시오. 증권투자의 위험성도 가르치고 왜 함부로 보증을 서면 안 되는지 또한 왜 금융관리를 해야 하는지를 가르쳐야 합니다."

실제로 2002년부터 뉴욕과 뉴저지를 비롯한 미국 전역에는 수학과 영어 수업시간을 줄이고 금융을 가르치는 학교가 점점 늘고 있는 추세입니다. 뉴저지 같은 경우에는 380개 학교가 금융과목을 채택하고 있는데, 그중에서 몇몇 학교는 초등학교 4학년 때부터 증권투자의 이해를 가르치고 있습니다. 아이들을 월스트리트로 데려가 주식시세를 살펴보게 하기도 하고, 실물경제를 보여주기 위해 노력합니다.

금융교육은 어려서부터 받아야 하는 아주 중요한 교육입니다. 세계 증권시장에서 증권 펀드매니저의 귀재라고 불리는 피터 린치는 초등학교 5학년 때 처음으로 주식투자를 시작했다고 합니다. 부모님이 주신 용돈을 모았다가 친구들과 함께 자신들이 가장 많이 사먹는 과자를 만드는 회사의 주식을 샀습니다. 그런데 그 주식이 정말로 올랐다고 합니다.

훗날 펀드매니저가 된 그는 '영원히 주가가 내려가지 않을 주식'을 찾기 위해 고민을 했습니다. 그러다가 찾아낸 것 중에 하나가 바로 '장례업'을 하는 회사의 주식이었습니다. 사람은 누구나 죽게 마련이니 장례업은 망할 일이 없기 때문입니다. 그래서 포트폴리오에 장례업을 하는 회사의 주식을 넣기 시작했답니다. 물론 그는 주식으로 엄청난 부를 축적할 수 있었습니다.

세계 10대 재벌에 드는 워렌 버핏도 어렸을 때부터 금융에 상당한 관심을 기울였다고 합니다.

하지만 한국에서 초등학교나 중학교 또는 고등학교에서 금융을 가르치겠다고 하면 학부모들의 항의가 빗발칠지도 모릅니다. 아마도 입시 공부할 시간도 부족한데, 금융에 대해 공부할 시간이 어디 있느냐고 반대할 것입니다.

사회적 흐름이 오로지 일류대학을 목표로 하다 보니 심지어 대학생 중에서도 금융에 대해 잘 모르는 사람이 많습니다. 하다못해 경제신문에 관심조차 기울이지 않는 사람도 있고, 아예 경제지표를 읽어내는 법도 모르는 경우가 상당히 많습니다.

실물경제부터 배워라

부자가 되기 위해서는 돈에 대해 알아야 합니다. 실물경제가 어떻게 돌아가는지, 돈의 흐름이 어디로 몰리고 있는지를 알아야 돈을 벌 수 있지 않겠습니까!

여러분도 알다시피 직장에 나가 하루 종일 일해도, 버는 것은 정해져 있습니다. 어머니나 아버지께 물어보십시오. 열심히 일을 하는데도 늘 들어오는 돈은 빠듯하고 나갈 돈은 많다고 하실 것입니다.

월급은 찔끔거리며 오르는데 물가는 날이 갈수록 뛰고 세금이며 연금, 보험료, 교육비 등 나가야 할 돈은 그야말로 팍팍 올라갑니다. 이래서는 평생을 일해도 허리띠 한 번 풀어놓기 힘듭니다. 그 이유는 단순히 수동적으로 주어지는 돈만 기대하고 있기 때문입니다.

세계 어느 나라를 가도 고정된 월급만으로 잘 먹고 잘 사는 사람은 별로 없습니다. 돈을 벌기 위해 적극적으로 투자를 하거나 좀 더 창의적인 발상으로 뭔가 새로운 도전을 해야만 합니다.

아무리 실물경제를 훤히 꿰뚫고 있더라도 주어지는 월급에 매여 있다면 더 이상 돈을 벌 수 있는 방법은 없습니다. 그냥 주어지는 한도 내에서 살아가야 합니다.

그러니 일단 실물경제를 파악하고 난 뒤, 어떤 방법으로 어떻게 돈을 벌 것인지 구체적으로 연구하고 실천해야 합니다.

돈은 벌기보다 쓰기가 어렵다

부자가 되기 위한 조건

어떻게 하면 부자가 될 수 있을까요? 부자가 되기 위해 필요한 조건은 무엇일까요?

혹시 '용돈을 받을 때마다 로또를 사면 언젠가는 대박이 터지겠지.'라고 생각하고 있습니까? 하지만 평소에 재산이 몇 천만 원이던 사람에게 갑자기 수백억 원의 돈이 생겼을 때의 변화를 분석한 통계자료에 따르면, 300가지의 부작용이 발생했다고 합니다.

여러분은 아마도 한번쯤 돈 때문에 고민해본 적이 있을 것입니다. 또한 뭔가를 사고 싶은데 용돈이 떨어졌다거나 부모님이 돈을 주시지 않아 속상했던 적도 있었을 것입니다.

돈은 정말로 좋은 것일까요?

이 질문에 대한 답은 돈을 쓰는 사람에 따라 달라집니다. 잘못 쓰이면 한없이 나쁘고 좋게 쓰이면 한없이 좋은 것이 바로 돈입니다.

인생에서 돈은 얼마나 가치가 있을까요?

그것은 자신의 가치관에 따라 그리고 그 돈이 어떻게 쓰이느냐에 따라 달라집니다.

그러면 부자는 어떻게 만들어질까요?

부는 인생에서 큰 힘이 되어줄 수 있는 좋은 친구입니다. 그런데 돈이라는 것은 이상하게도 벌려고 애를 쓰면 쓸수록 도망을 갑니다. 그리고 무리하게 벌려고 하면 범죄가 되고 맙니다.

그러니 돈은 여러분이 어떤 일을 하는 대가로 생각해야지 돈 자체를 목표로 삼으면 잘못된 길로 들어서기 쉽습니다. 돈은 여러분의 친구는 될 수 있지만 인생의 목표가 되어서는 안 됩니다.

돈은 여러분의 목표를 달성하는 데 아주 멋진 친구가 될 수 있습니다. 따라서 꿈을 이루는 데는 반드시 돈이 필요합니다. 예컨대 사회에 기여할 수 있는 복지재단을 만들고 싶은 꿈이 있는데 경제력의 뒷받침 없이 그 꿈을 이루기는 힘들 것입니다.

미국에 가면 도시의 중심지, 즉 제일 땅값이 비싼 곳에는 예외 없이 도서관이 들어서 있습니다. 철강왕 카네기가 자기가 벌어들인 많은 돈을 전국의 도심지에 도서관 짓는 일에 기부한 덕분입니다. 카네기의 꿈은, 전국에 도서관을 만들어 책을 읽고 싶어도 사지 못하는 어린이들에게 책을 마음껏 읽을 수 있도록 해주는 것이었다고 합니다.

카네기의 영향으로 미국에서는 도시가 하나 새로 생길 때마다 도시계획을 세우는 단계에서부터 반드시 도서관 자리를 먼저 배치했다고 합니다. 지금은 미국의 어디를 가든 비록 작은 도시일지라도 반드시 도서관이 있습니다. 이왕 부자가 될 꿈을 꾸고 있다면 카네기처럼 아름다운 부자가 되십시오.

금덩이와 돌덩이의 차이

흔히들 "돈은 벌기보다 쓰기가 어렵다."라고 합니다. 돈이라고 하는 것은 잘 써야만 그 빛을 발합니다. 인간과 동물의 차이는 '생각하는 것'에 있는 것이 아니라 '돈 걱정을 하는 데' 있다고, 농담처럼 얘기할 정도입니다.

평생 동안 수전노처럼 살며 많은 돈을 벌어들인 박영감은 재산을 어떻게 보관할 것인지를 고민하다가 전 재산을 모두 금덩이로 바꿔 정원의 땅 속에 깊이 묻어두었습니다. 그러고는 매일 밤마다 정원에 나가 금덩이를 한번 쓰다듬고는 흐뭇한 미소를 짓고 다시 묻어두었습니다.

그러던 어느 날, 한 도둑이 박영감의 집을 털러왔다가 정원에서 이상한 행동을 하고 있는 박영감을 보았습니다.

'아니, 땅 속에 저토록 커다란 금덩이를 묻어두고 있었다니!'

도둑은 '미리 알았더라면' 하고 땅을 치고 있었는데, 영감은 금덩이를 한동안 어루만지더니 다시 땅 속에 묻는 것이 아니겠습니까!

'세상에, 이게 웬 횡재야. 저 금은 이제 내 것이다!'

영감이 집안으로 들어가자 도둑은 냉큼 금덩이를 파내 도망치고 말았습니다. 다음날, 금이 없어졌다는 사실을 알게 된 박영감은 머리카락을 쥐어뜯으며 큰소리로 울부짖었습니다. 그 소리에 깜짝 놀라 달려온 이웃사람은 영감에게서 자초지종을 들은 다음 이렇게 말했습니다.

"어차피 그렇게 묻어둘 금덩이라면 차라리 돌덩이를 묻어두고 금덩이라고 생각하지 그러오. 쓰지 않을 금덩이와 돌덩이의 차이가 대체 무엇이란 말이오."

금덩이를 돌덩이의 가치만큼만 사용하는 사람이 있는가 하면, 돌덩이도 금덩이만큼 가치 있게 사용하는 사람도 있습니다.

지갑에 들어 있는 돈부터 세라

돈을 벌어야 하는 확실한 목표와 목적

얼마를 벌고 싶습니까? 일단 목표를 세우십시오. 중고등학생이면 이제 내가 무엇을 어떻게 할 것인지 그 틀을 잡아나가야 합니다. 그렇지만 절대로 돈 자체를 목표로 삼지는 마십시오.

간혹 '내 인생의 목표는 100억을 버는 것'이라고 말하는 사람이 있는데, 그것은 정말로 어리석은 목표입니다.

중요한 것은 '내가 100억을 벌기 위해서는 어떻게 해야 하는가?'를 결정하는 일입니다. 나의 직업, 나의 일, 나의 커리어를 어떻게 만들어갈 것인가가 정말로 중요합니다.

우선 초등학교 때부터 책과 신문을 보면서 세계적인 펀드매니저가 되겠다는 꿈을 꾸었던 피터 린치처럼 목표와 목적을 확실하게 정해야만 합니다.

두 번째로는 삶의 목적, 즉 정당하게 돈을 벌어서 훌륭한 일에 쓰겠다는 목적이 있어야 합니다. 한마디로, '내가 부자가 되고 싶은 이유'가 있어야 합니다.

그렇다면 도대체 얼마를 벌어야 부자라고 할 수 있습니까?

1억만 있어도 부자라고 하는 사람도 있고 5억이나 10억, 20억이 있으면 부자라고 하는 사람도 있을 것입니다. 그 기준은 가치관에 따라 달라집니다.

지갑을 열어 액수를 확인하라

일단 목표가 정해졌다면 시기는 그다지 문제가 되지 않습니다. 설령 1, 2년 정도 차이가 있더라도 평생 동안 금융에 신경 쓰며 살아야 하는 것이 인생인데 그것이 얼마나 커다란 영향을 미치겠습니까!

자기 수중에 돈이 얼마나 남아 있는지를 염려하는 것 자체가 금융의 시작입니다. 먹고살려면 지갑에 돈이 있어야 하고 남아 있는 돈을 오늘 다 쓸 것인지 아니면 내일을 위해 어느 정도 남겨둘 것인지를 결정해야 하기 때문입니다.

또한 수입과 지출이 균형을 이루어야만 곤란을 겪지 않으므로 벌어들일 수 있는 돈과 꼭 써야 하는 돈의 관계를 잘 파악해야 합니다. 예컨대 한 달에 100만 원을 버는 사람이 110만 원을 지출한다면 그 사람은 결코 안정된 삶을 누리기가 어렵습니다. 50만 원을 벌더라도 45만 원만 소비하고 5만 원은 착실히 저축을 하면서 살아가는 사람이 더 안정적입니다.

그리고 남에게 돈을 빌려주었을 때 원금만 받을 것인지, 이자를 같이 받을 것인지를 고려하는 것 역시 금융입니다. 이렇듯 여러분은 평생 금융과 함께 살 수밖에 없습니다.

따라서 금융에 대한 배움이 1, 2년 늦고 빠르고는 큰 문제가 되지 않습니다. 중요한 것은 남보다 한 걸음 늦게 시작하더라도 목표를 높게 잡고 꾸준히 실천하는 데 있습니다.

올바른 목표와 목적을 세우고 인내심을 발휘하십시오.

아름다운 부자가 되는 세 가지 조건

돈은 쓰임이 중요하다

똑같은 부와 지위를 얻는다고 해서 동일한 삶의 풍요로움을 누리는 것은 아닙니다. 제가 잘 아는 어떤 분은 재산이 100억에서 200억 정도 되는데 도무지 돈을 쓸 줄을 모릅니다. 물려줄 자식이 있는 것도 아니라서 제가 차라리 그 돈으로 사회에 좋은 일을 하시라고 권했다가 혼쭐이 났습니다. 돈은 많고 적음이 아니라 어떻게 잘 쓰느냐가 더 중요한 것 같습니다.

영국에 제 보스가 한 분 있는데, 어느 날 30만 원 정도를 투자해서 3개월 만에 2억5천만 원을 벌었다고 자랑을 하시더군요. 처음에 저는 대뜸 2억5천만 원을 벌었다기에 '한 2억3천만 원쯤 투자해서 그 정도를 벌었나 보다.'라고 생각했는데 얘기를 들어보니 그게 아니었습니다.

평소에 그는 골동품에 상당히 관심이 많아서 한국에 오면 반드시 인사동에 들르는 열성팬입니다. 한 번은 비즈니스 때문에 미얀마에 갔다가 골동품 가게를 지나치게 되었는데, 폐품 더미에서 우연히 번쩍이는 불상 다리를 보게 되었답니다. 그래서 그것을 꺼내달라고 부탁하여 이리저리 살펴보다가 쓸 만할 것 같아 300달러

(당시의 가치로 30만 원 정도)를 주고 구입해서는 깨끗이 닦아 배편으로 영국에 보냈답니다.

그러고는 아시아 출장 중이었으므로 한국과 일본, 대만을 들러 2개월 정도 일을 보고 집으로 돌아갔는데, 집에 가서 그 불상을 보니 너무 근사했다고 합니다. 하지만 그는 크리스천이었기에 그것을 집에 둘 수가 없어서 경매에 내놓았다고 합니다. 그런데 그게 2억5천만 원에 낙찰되었던 것입니다.

땀과 정직의 열매

한번 생각해봅시다.

돈이란 무엇일까요? 관심을 갖지 않아도 돈이 저절로 굴러 들어올까요? 절대로 그렇지 않습니다. 그가 30만 원으로 2억5천만 원을 벌 수 있었던 이유는 평소 골동품에 상당한 관심을 기울이고 있었기 때문입니다. 물론 그것이 취미이기도 했지만 물건을 볼 줄 아는 남다른 눈을 기르기 위해 그는 열심히 공부를 했던 것입니다.

제가 아는 또 다른 사람은 늘 부동산에 대해 관심이 많더니 지금은 부동산 재벌이 되었습니다. 이처럼 돈이라는 것은 관심을 가지고 꾸준히 공부해야만 벌 수 있는 것입니다.

돈은 결코 우연히 주어지지 않습니다. 더불어 돈을 벌려면 기본적으로 땀과 정직이 투자되어야만 합니다. 투기로 한몫 잡아보고자 이리저리 휩쓸려 다니는 사람들도 있지만 투기로 돈을 벌었다는 사람은 그리 많지 않습니다. 기억하십시오. 투기는 돈을 벌어주지 못합니다.

아름다운 부자의 세 가지 조건

아름다운 부자가 되려면 세 가지 기본 요소가 있어야 합니다.

첫째는 열정이고 둘째는 자기만의 창의성 그리고 셋째는 프로의식입니다.

마이크로소프트사의 창업자인 빌 게이츠가 어떻게 해서 세계적인 갑부가 되었는지 아십니까?

그는 중학교 2학년 때부터 거의 컴퓨터에 미치다시피 하면서 살았습니다. 그렇다고 수동적으로 오락이나 게임에 빠져 있었던 것은 아닙니다. 그는 하드웨어나 소프트웨어 쪽에 관심이 많았는데 어찌나 열심이었던지 프로그램을 어떻게 만드는지 알고 싶어하는 아들의 궁금증을 해소해주기 위해 그의 부모님은 중고 컴퓨터를 구입해서 아들에게 주었습니다. 마음대로 분해도 해보고 조작도 해보라고, 아예 망가뜨릴 각오를 하고 저렴한 비용을 들여 컴퓨터를 사주셨던 것입니다.

자기가 좋아하는 분야에 대해 지독하리만큼 공부를 했던 빌 게이츠는 심지어 씻는 시간도 아까워했습니다. 그래도 탕에 들어가 목욕하는 것은 그럭저럭 참았지만 머리 감는 것은 무척이나 싫어했다고 합니다. 탕에 들어가면 앉아서 책을 볼 수 있지만 머리를 감으면 책을 볼 수 없었기 때문입니다.

그렇게 열정이 강했던 그는 하버드 대학에 들어갔지만 컴퓨터가 너무 좋아 중도에 그만두고 마이크로소프트사를 설립했습니다.

● **열정** 돈을 벌려면 빌 게이츠처럼 열정이 있어야 합니다. 자신이 좋아하는 일에 미치도록 빠져들어야 하는 것입니다.

인생에서 가장 큰 행복이 자기가 좋아하는 일을 실컷 즐기면서 더불어 돈도 버는 것 아니겠습니까! 그러기 위해서는 좋아하는 일을 찾아야 합니다. 그 일에 미치도록 빠져들 때 돈은 저절로 따라오게 되어 있습니다.

물론 열정적으로 노력한다고 다 되는 것은 아닙니다. 자기만의 독창적인 시각이나 아이디어가 필요합니다. 빌 게이츠는 회사를 창업할 때와 리셉션을 할 때, 창립 기념행사 때 청바지에 오토바이를 끌고 나와 화끈한 쇼맨십을 발휘하기도 했습니다.

● **자기만의 창의성** 마이크로소프트사는 일하는 것도 상당히 자유롭습니다. 직원들에게 몇 시부터 몇 시까지 일하라고 지시하지 않고, 집에서 일을 할 수 있도록 자유를 주고 있습니다. 자기만의 창의적인 아이디어가 나올 수 있도록 모든 뒷받침을 해 주는 것입니다.

남이 이미 실행하고 있는 단계에서는 후회를 해봐야 늦습니다. 남들이 말하기 전에, 실행하기 전에, 아이디어를 고안하고 내 것으로 만들어 마케팅 전략을 짜는 지혜가 바로 창조적인 아이디어입니다. 그리고 그것이 돈을 버는 지혜입니다.

● **프로의식** 그 다음에는 프로페셔널, 즉 프로의식이 필요합니다. 누가 보든 안 보든 상관없이 자신이 좋아하는 일에 빠져 살면 결코 힘든 줄을 모릅니다. 하다못해 밥 먹을 시간, 화장실 갈 시간조차 없어도 그 일이 즐겁기만 할 뿐 피곤하지 않습니다.

어떤 권한이 주어졌을 때 아마추어는 공과 사를 구분하지 못하지만 프로페셔널은 엄격합니다. 예컨대 '부모님이 10시까지 공부하라고 해서 10시까지 공부한다.'는 것은 아마추어적인 사고방식입니다. 프로페셔널한 사람은 '내 목표를 위해서는 적어도 10시까지는 공부를 해야 한다.'는 생각으로 스스로 공부에 매진합니다.

창의적인 훈련과 프로의식

결국 열정과 창조적인 아이디어, 프로의식이 조화를 이루었을 때 엄청난 시너지 효과를 발휘할 수 있습니다. 그것이 바로 돈 버는 방법입니다.

그것만 갖추면 돈은 저절로 따라옵니다. 굳이 돈을 벌려고 하지 않아도 돈은 어느새 내 주머니에 들어와 있습니다. 하지만 이 세 가지를 갖추지 못하면 돈은 멀어지고 맙니다. 자꾸 '돈, 돈, 돈' 하면 돈은 더 멀리 달아납니다. 그것이 돈의 생리입니다.

여러분에게는 아마도 꿈과 목표가 있을 것입니다. 꿈과 목표가 있다면 그에 따른 행동방향이 정해져 있어야 합니다. 그 꿈을 좋아할 수 있는지 그리고 정말로 어떤 난관에 부딪쳐도 그것에 미쳐 열정을 불태울 수 있는지가 무엇보다 중요합니다.

더불어 평소에 창의성을 개발하기 위해 나에게 주어진 것을 나만의 생각으로 바꿀 수 있는 창의적인 훈련을 해야 합니다. 여기에 프로의식을 곁들인다면 그야말로 못 해낼 일이 없습니다.

작더라도 종자돈을 만들어라

요즘은 과거보다 돈을 벌기가 쉽습니다. 그리고 빠른 시간 내에 아름다운 부자가 될 수 있습니다.

금융 쪽에 관심을 기울여 세계적인 애널리스트, 이코노미스트, 스트래티지스트, 펀드매니저가 된다면 한 달이나 1년 내에 우리나라 돈으로 10억에서 20억 버는 것도 가능합니다.

그러나 열정, 창의성, 프로의식을 갖추지 못하면 절대로 그 세계에서 살아남을 수 없습니다. 이 세 가지를 갖춰야 오랫동안 그런 일을 할 수 있고 돈을 벌 수 있는 것입니다.

여러분은 무한한 가능성의 세계에서 살고 있습니다. 항상 꿈을 이룬 자기 자신을 그려보며 열정을 키워나가십시오. 어떤 일을 해보기 전까지는 속단하지 말고 반드시 꿈을 이루겠다는 자신감을 갖는 것이 중요합니다.

간혹 돈이 없어서 하고 싶은 것을 못한다고 말하는 사람도 있습니다. 저 역시 돈이 없어서 낮에는 일하고 밤에는 공부하면서 유학을 준비했습니다. 당시에 월급을 30~40만 원 받으면 무조건 10만 원을 저축하면서 꿈을 위해 한 발씩 내디디며 준비를 했습니다.

그렇게 해서, 약간의 종자돈을 가지고 유학길에 오를 수 있었습니다. 누구든 종자돈이 없으면 어떤 일을 시작하기가 어렵습니다. 그러니 설령 수입이 적더라도 아끼고 절약하여 최소한의 종자돈을 만들어야 합니다. 실현되지 못하는 꿈은 말 그대로 꿈에 지나지 않습니다.

종자돈을 만들자

어떤 일을 하려고 할 때 가장 큰 애로사항 중의 하나가 돈 문제 아닙니까? 그래서 저는 늘 우리 아이들에게도 주머니에 만 원이 있으면 그중에서 3, 4천 원은 종자돈으로 만들라고 합니다. 그러한 종자돈은 꿈을 이루기 위한 하나의 준비가 되기 때문입니다.

예컨대 40대 어른 두 사람이 있는데, 한 사람은 1억 원을 현금으로 가지고 있고, 다른 한 사람은 1억 원을 부채로 가지고 있다고 합시다. 종자돈이 1억 원인 사람과 마이너스 1억 원인 사람은 1년만 지나도 수입에서 커다란 차이가 납니다.

종자돈이 1억 원인 사람은 그것을 투자하여 보통 1년 후에 5백만 원 정도를 벌 수 있습니다. 만약 연봉이 2천만 원이라면 1억5백만 원에다 2천만 원을 더해 총재산이 1억2천5백만 원이 됩니다.

반대로 빚이 1억 원인 사람은 보통 10퍼센트에 가까운 이자를 지불해야 하므로 이자만 해도 1년에 천만 원이 나가야 합니다. 그러면 기껏 열심히 일해서 번 돈 중 천만 원이 고스란히 이자로 나가게 됩니다. 1년 동안 2천만 원을 벌었다면 그중에서 절반이 이자로 나가는 셈입니다.

종자돈이 있는 사람과 없는 사람의 차이를 알겠습니까? 마이너스 종자돈과 플러스 종자돈을 단순 비교하면 차이가 그다지 크지 않을 수도 있지만, 1억 원이든 5천만 원이든 플러스 종자돈은 1년, 2년, 3년이 지나면서 또 다시 돈을 불러오게 됩니다.

한마디로, 돈이 돈을 법니다. 그래서 종자돈이 중요한 것입니다.

10대의 시각에서 본 '부'의 의미

여러분도 지금 주머니에 1, 2만 원이 있다면 그중 일부를 저축해야 합니다. 청소년기의 저축은 여러분이 성장했을 때 커다란 차이를 만듭니다.

어른들은 여러분보다 수백 배 더 많은 돈이 있으면서도 항상 돈 때문에 고민하지 않습니까? 돈이 많고 적음이 중요한 것이 아니라 현재 갖고 있는 돈을 어떻게 현명하게 사용하는지를 배워야 합니다. 무엇보다 돈을 어떻게 다루느냐가 중요한 것입니다.

그러면 10대의 시각에서 본 '부'의 의미란 어떤 것일까요?

첫째, 10대 때는 공부를 열심히 해야 합니다. 학업은 정말로 내가 하고 싶은 일을 펼치기 위한(하면서 돈을 벌기 위한) 기초 작업이라고 생각해야 합니다. 공부를 잘하면 확실히 하고 싶은 일을 할 수 있는 선택권이 넓어집니다. 생각해보십시오. 점수가 잘 나오면 정말로 원하는 학과에 들어가 마음껏 꿈을 펼칠 수 있지만, 그렇지 않으면 주어진 선택권이 좁아지고 하고 싶은 일을 하기 위해서 상당히 먼 길을 돌아가야 하는 경우가 생길 수 있습니다.

둘째, 돈을 어떻게 벌고 돈을 벌었을 때 그것을 어떻게 관리할 것인지를 생각해야 합니다.

셋째, 부에 대한 올바른 개념이 있어야 합니다. 무조건 돈만 많이 번다고 해서 부자는 아닙니다. 맹자는 항산恒産과 항심恒心을 얘기했는데, 그것은 보통사람으로서 꾸준한 수입의 창출 없이는 인간 본연의 착한 마음을 유지하기 어렵다는 뜻입니다.

사람에게는 얼마만큼의 돈이 필요한가?

톨스토이의 단편에 이런 제목의 글이 하나 있습니다. 〈사람에겐 얼마만큼의 땅이 필요한가?〉 그 당시 땅은 자산, 곧 돈과 같았습니다. 이 작품은 돈에 대한 인간의 끝없는 탐욕과 그로 인한 비극을 잘 보여주고 있습니다.

이제 마지막으로 여러분께 이런 질문을 드리고 싶습니다. 그렇다면 도대체 얼마만큼의 돈을 벌어야 할까요?

10억 원? 100억 원 아니 1,000억 원? 답은 바로 여러분에게 달려 있습니다. 더 정확히 말하면 여러분 자신이 담을 수 있는 그릇의 크기에 달려 있다고 할 수 있습니다.

와인 잔과 욕조에 담을 수 있는 물의 양은 서로 다릅니다. 스스로 담을 수 있는 한계를 벗어나게 되면 밖으로 넘쳐흐르게 되어 있습니다. 그러나 명심하십시오. 비단 흘러내리는 데 그치지 않습니다. 우리는 가끔 우기에 홍수를 겪곤 합니다. 홍수란 무엇입니까? 그 커다란 댐도 자신의 한계를 넘으면 밖으로 방출할 수밖에 없고, 방출된 물이 다시 강이 담을 수 있는 한계를 벗어나면 범람하여 수많은 인명과 재산을 앗아가게 되는 것입니다.

가끔 언론을 통해 로또 1등에 당첨된 사람들의 비극적인 이야기를 듣곤 합니다. 갑자기 찾아온 돈으로 인해 부부가 헤어지기도 하고, 여러 곳의 등쌀에 정든 조국을 떠나기도 하고 심지어는 들뜬 기분을 어찌할 수 없어 친구들과 술을 마시다가 숨을 거두기도 했습니다. 불행히도 이런 분들에게 큰돈은 복이 아니라 불행이 되었습니다.

부자가 되고 싶다면 먼저 자신이 담을 수 있는 그릇의 크기를 키우시기 바랍니다. 그 그릇은 바로 여러분 하나하나가 지니고 있는 꿈의 크기와 같습니다.

여러분이 가지고 있는 꿈이 크면 클수록 돈은 많으면 많을수록 좋습니다. 그 사람은 돈을 훌륭하게 쓸 줄 알기 때문입니다. 그 사람은 자신을 위해서뿐만 아니라 나눔을 통해 사회에 공헌할 수 있기 때문에 더 많이 가질수록 사회에게도 유익합니다.

여러분, 아름다운 부자가 되십시오. 아름다운 부자가 많으면 많을수록 우리나라는 더욱더 살기 좋은 나라가 될 것입니다.

●● Tip for Leadership

당당한 부자 10계명 (머니투데이 2004년 11월 19일자)

1. 모든 부와 성공의 출발점은 땀 흘린 노동임을
2. 내가 쌓은 부富가 남의 한숨과 피눈물의 대가가 아니길
3. 덜 쓰고 모으는 나의 행동이 세상을 살리는 밑거름이 되기를
4. 나의 투자가 생산적인 곳에 쓰여 상생의 결과를 낳기를
5. 나에게 도움을 베푼 이들을 생각하며, 이름 모를 사람에게 넉넉함을 베풀기를
6. 부가 나를 구속하지 않고, 자유롭게 만드는 수단이 되기를
7. 돈이 나의 이성을 마비시키고 교양을 무너뜨리며, 육신과 정신을 파괴하지 않기를
8. 돈이 나의 가족을 파멸의 구렁텅이로 밀어넣지 않기를
9. 돈보다 귀한 가치를 지닌 여러 가지 '부자'가 있다는 것을 잠시라도 잊지 말기를
10. 절세라는 이름으로 탈세하지 않고, 사회 구성원으로서의 의무를 다할 수 있기를

한 걸음 한 걸음 내디딜 때마다,
세심한 주의를 기울여서 내딛도록 하라.
균형 잡힌 삶을 살아야 한다는 점을 명심하라.
성공할 수 있냐고? 물론 할 수 있다.
99.8퍼센트 보장한다. 불가능은 없다.

— 닥터 수스Dr. Seuss,
《당신이 가는 길Oh, The Place You'll Go》 중에서 —

나의 주인이 곧 세상의 주인입니다

3부

8. 자기관리 리더십 내 인생의 주인으로 살아가기_김경섭
9. 자아컨트롤 리더십 내 인생의 영원한 보호자는 나 자신뿐이다_서진규
10. 좌절금지 리더십 최악의 상황을 인정하면 더 이상 잃을 것이 없다_강원래
11. 행복재단 리더십 사람은 자기가 마음먹은 만큼만 행복할 수 있다_이석휘

8 자기관리 리더십

내 인생의 주인으로 살아가기_김경섭

미국 펜실베이니아 대학원 졸업(공학박사)
미국 와튼 경영대학원에서 리더십 연구
현 한국코치협회 회장
현 한국리더십센터 대표

리더십의 70퍼센트는 나를 이끄는 것

'성공'이란 단어를 국어사전에서 찾아보면 '목적을 이루는 것' '뜻을 이루는 것'이라고 되어 있습니다. 제가 이런 말을 하면 어떤 사람은 이렇게 묻습니다.

"아니, 그러면 막가파나 지존파 같은 사람들도 뜻을 이뤘으면 성공한 것이라고 보아야 합니까?"

그래서 제가 그 앞에 '훌륭한'이라는 세 글자를 덧붙였습니다. 즉 '훌륭한 목적' 그리고 '훌륭한 뜻'을 이루어야 '성공'이라고 할 수 있습니다.

성공하기 위해서는 먼저 두 가지 능력이 필요합니다. 하나는

'자기관리 능력'이고 다른 하나는 '대인관계 능력'입니다. 그런데 우리 주변을 살펴보면 자기관리 능력이 부족한 사람이 상당히 많습니다. 또 어떤 사람은 자기관리 능력은 있지만 대인관계 능력이 없어 불행해지는 경우도 있습니다.

70+30=완벽한 리더십

이 두 가지 능력을 한마디로 표현한 것이 바로 '리더십'입니다. 그래서 여러분은 이 두 가지 능력을 모두 갖춰야 합니다. 그래야만 여러분의 꿈을 이룰 수 있습니다. 그렇다면 어떻게 해야 두 가지 능력을 모두 갖출 수 있을까요? 어떻게 하면 훌륭한 리더십을 갖출 수 있을까요?

'리더십' 하면 흔히 '남을 이끄는 것' '타인을 리드하는 것'이라고 생각합니다. 하지만 그것은 100점 만점에 '30점짜리 생각'입니다. 물론 리더십에 타인을 이끌 수 있는 능력이 포함되기는 하지만, 실제로 리더십의 70퍼센트는 자기 자신을 이끄는 것입니다.

'수신제가치국평천하修身齊家治國平天下'라는 말처럼 수신修身이 되어 있지 않은 사람, 즉 나를 잘 다스리고 이끌지 못하는 사람은 리더십이 있다고 할 수 없습니다. 그렇기 때문에 타인만 이끄는 것을 30점짜리라고 말한 것입니다. 수신修身이 되어 있는 사람은 분명 타인도 잘 이끕니다.

이렇듯 자신을 이끄는 '자기관리 능력' 70퍼센트와 타인을 이끄는 '대인관계 능력' 30퍼센트가 충족되어야 비로소 온전한 리더십을 갖출 수 있습니다.

자기관리 능력

그렇다면 자기관리 능력을 기르려면 어떻게 해야 할까요?

먼저, 여러분에게 자기관리 능력이 있는지 점검해봐야 합니다. 주변 사람들의 신뢰를 얻고 있는지 스스로를 돌아보십시오. 자기관리 능력이 있는 사람은 타인에게서 신뢰를 받기 때문입니다.

자기관리 능력은 곧 셀프리더십, 자기의 주체가 되어 스스로를 다스리고 관리할 줄 아는 리더십이라고 할 수 있습니다. 자기관리 능력이 있는 사람은 자신이 해야 할 일을 스스로 결정하고 실천할 줄 압니다. 그렇다고 그리 거창한 것은 아닙니다. 누가 깨우지 않아도 스스로 일찍 일어나는 습관을 실천하는 것도 좋은 자기관리 능력 중 하나입니다.

또한 약속을 잘 지킨다, 건강관리를 잘한다, 식습관을 관리한다, 소비욕구를 조절한다 등의 자기관리 규칙을 만들어 실천하는 것도 좋습니다.

자기관리 능력이 있어야 타인의 신뢰를 얻을 수 있고 그래야 대인관계 능력도 갖출 수 있습니다.

대인관계 능력

주변을 돌아보면 대인관계 능력이 부족하여 어려움을 겪는 경우가 많습니다. 카네기 멜론대학에서 1만 명을 대상으로 성공요인을 연구한 결과, 기술적인 훈련이나 두뇌의 훈련은 15퍼센트를 차지한 반면 뛰어난 대인관계 능력은 85퍼센트를 차지했다고 합니다. 또한 하버드 대학의 직업지도부가 해고당한 사람 4천 명을 대상으로 조사한 결과, 직무수행에 문제가 있었던 사람은 전체의 10퍼센트인 400명인데 비해 대인관계가 서툰 것이 원인이었던 사람은 90퍼센트에 달하는 3,600명이었다고 합니다.

대인관계 능력 또한 타인의 신뢰도와 상당한 연관이 있습니다. 곰곰이 생각해보십시오. 여러분이 믿는 사람이 어떤 부탁을 해오면 대부분 그 부탁을 들어주게 됩니다. 또 여러분이 신뢰하는 선생님의 말씀은 여러분에게 막대한 영향을 미치게 됩니다.

신뢰는 모든 인간관계의 기본이자 견고한 관계를 위한 초석이 됩니다. 한 나라의 대통령도 신뢰를 얻지 못하면 인기가 곤두박질치고 맙니다. 한 회사의 사장도 신뢰를 얻지 못하면 사원들과 계속 충돌할 수밖에 없습니다. 가정에서도 아내가 남편을 신뢰하지 못하면 극단적인 경우 이혼에까지 이르기도 합니다. 또한 형제간의 불신은 반목과 질시로 이어집니다.

그렇다면 어떻게 해야 타인의 신뢰를 얻을 수 있을까요?

성품과 역량에서 최소한 60점은 받아야 한다

타인에게서 신뢰를 얻으려면 성품과 역량을 길러야 합니다.

예를 들어 여러분이 마음에 드는 선생님을 찾아가 교육받을 수 있는 시스템에서 공부한다고 가정해봅시다.

똑같이 영어를 가르치는 선생님이 두 분 계신데, '갑' 선생님은 항상 미소 띤 얼굴로 대하며 자상하고 친절해서 성품은 80점 정도를 줄 수 있지만 실력 면으로 보면 발음도 시원찮고 독해력도 떨어져 40점밖에 안 된다고 합시다.

그리고 '을' 선생님은 성품 면에서는 다소 문제가 있긴 하지만 경력이 20년이나 되었고 가르치는 실력 하나는 끝내준다고 합시다.

만약 여러분이 둘 중 한 선생님과 공부해야 한다면 어떤 선생님을 선택하겠습니까?

'갑' 선생님을 선택한다면 여러분의 실력은 형편없는 수준으로 떨어지고 말 것입니다. 아무리 성품이 좋아도 역량이 부족하면 학습 수준이 낮아질 수밖에 없기 때문입니다.

그렇다고 '을' 선생님을 선택하게 되면 더 큰 문제가 발생합니다. 실력이 좋다고 성품에 문제가 있는 선생님한테 배울 수는 없는 노릇입니다.

극단적인 비유이기는 하지만 제 생각에는 두 선생님 모두 선택하면 안 됩니다. 왜 '갑' 선생님을 택하면 안 될까요?

신뢰성을 갖추지 못했기 때문입니다. 역량이 없는데 어떻게 믿을 수 있단 말입니까! 여러분은 신뢰할 수 없는 선생님의 가르침을 믿을 수 있습니까?

'을' 선생님 역시 역량은 뛰어날지라도 성품이 좋지 않으면 신뢰할 수 없습니다.

그래서 '갑' 선생님도 안 되고 '을' 선생님도 안 됩니다.

명심하십시오. 타인에게서 신뢰를 받으려면 성품과 역량에서 적어도 60점 이상은 받아야 합니다.

내 인생의 주인으로 살아가기

2, 3년 전에 수만 명의 청소년들을 대상으로 설문조사를 한 적이 있습니다.

문항 중에 '감옥에서 10년을 살아도 10억을 벌 수 있다면 부패를 저지를 수 있는가?' 라는 질문이 있었는데, '아니다.' 라고 대답한 사람은 40퍼센트밖에 되지 않았습니다. 나머지 60퍼센트에는 '상황에 따라 할 수 있다.' 라고 대답한 사람도 포함되지만, 어쨌든 '절대로 아니다.' 라고 대답한 사람은 40퍼센트밖에 안 됐습니다.

이러한 결과는 그만큼 오늘날을 살아가는 청소년들이 도덕성 문제에 상당한 혼란을 겪고 있음을 잘 알게 해주는 단면입니다.

또한 '부정과 부패를 목격해도 나에게 피해가 없다면 모른 체하겠는가?' 라는 질문에는 29퍼센트가 '모른 체하지 않겠다.' 라고 대답했습니다.

반면 71퍼센트에 해당하는 학생들이 '내 일도 아닌데 왜 내가 간섭하는가.' 라는 식으로 대답했습니다.

2, 3년 전에 조사한 결과니 지금은 많이 개선되었으리라 믿습니다만, 청소년의 도덕성 문제가 상당히 심각한 수준에 이르렀다는 것은 분명한 사실입니다.

문제를 하나 내겠습니다.

"이 나라 사람들은 배운 것도 많지 않고 종교도 없는데 대단히 도덕적이고 성숙하고 성품도 훌륭합니다. 먹을 것이 넉넉한 편은 아니지만 사람들은 늘 느긋하고 넉넉하게 여유가 있으며 인사성도 바릅니다."

과연 어느 나라를 말하고 있는 것일까요? 인도? 북한? 아프리카의 어느 나라? 아닙니다.

이 나라는 바로 '조선' 입니다. 지금으로부터 120년 전의 대한민국이 바로 그랬답니다. 개화기에 서양 선교사였던 '게리' 라는 사람이 조선 사람에 대한 느낌을 기록한 글이 있는데 거기에 그렇게 적혀 있답니다.

조선 사람들은 성품이 대단히 훌륭했습니다. 비록 가난하고 끼니도 제대로 잇지 못하고 학교도 다니지 않았지만 성품만큼은 대단히 훌륭했다고 전해집니다.

그럼 역량은 어떠했을까요? 안타깝게도 조선 사람들의 역량은 외세에 비하면 역부족이었습니다. 그래서 외세의 침입에 무너져 36년 동안이나 엄청난 고통을 당했습니다.

여기서 한 가지만 생각해봅시다. 조선시대 교육의 핵심은 무엇이었습니까? 삼강오륜, 공자, 맹자 등 성품 교육이 주류를 이루고 있었습니다.

사라진 1318의 성품 교육

그렇다면 조선 말기에 실학사상이 등장한 이유는 무엇일까요?

아마도 역량의 필요성을 절실히 깨달았기 때문일 것입니다. 실생활에 활용할 수 있는 교육의 부재를 절감한 것입니다.

그리하여 해방 이후에는 주로 역량 교육에 치중하기 시작했습니다. 여러분이 지금 받고 있는 교육은 100퍼센트 역량 교육입니다. 교육과정의 70~80퍼센트나 차지하던 성품 교육은 사라지고 역량 교육에 치우친 교육이 이루어지고 있습니다.

그런 이유로 지금의 1318세대들은 가치관의 혼란을 겪고 있으며 특히 앞서 조사한 설문조사 결과처럼 60~71퍼센트에 이르는 청소년들이 심각한 상황에 처해 있는 것입니다.

성품과 역량을 균형 있게

성품이나 역량을 개선하는 것은 충분히 가능한 일입니다. 하지만 오늘날 대다수의 가정에서는 성품과 역량의 균형 있는 발전을 위해 노력하는 것이 아니라 오로지 역량에만 초점을 맞추고 있습니다.

그 결과, 청소년들이 잘못된 길로 빠져들어 법적인 제재를 받는 일도 빈번해지고 있습니다. 어떻게 해야 성품과 역량을 균형 있게 갖춰 신뢰받을 수 있는 사람으로 거듭날 수 있을까요?

첫째, 자기관리 능력, 즉 셀프리더십이 있어야 합니다. 여러분의 잠재능력은 무한대입니다. 떠오르는 태양과 같습니다. 그러므로 '내 삶의 주인은 나 자신이고 내 인생의 책임자 역시 나'라는 사고방식을 지녀야 합니다. 여러분은 여러분 삶의 주인입니다.

둘째, 모방자가 아니라 오리지널로 살아가야 합니다. 내 친구가 그렇게 하니까, 다른 사람이 그렇게 하니까 하면서 따라가지 말고 여러분 나름대로의 삶을 살아가십시오. 남이야 어떻든 자기 식대로 자기 인생을 만들어 가면 됩니다. 예컨대 화가가 남의 그림을 베껴서 그대로 그렸다고 생각해보십시오. 그 그림이 가치가 있을까요? 절대로 남의 삶을 모방하려 애쓰지 마십시오.

셋째, 인생을 주도적으로 선택하며 살아가십시오. 세상사란 마음먹기에 달려 있는 것으로 행복과 불행도 선택할 수 있습니다. 친구가 담배를 피운다고 따라서 담배를 피우고, 친구가 폭력을 쓴다고 함께 폭력을 쓴다면 그것은 친구의 인생이지 여러분의 인생이 아닙니다. 친구의 압력, 사회의 압력, 주변의 압력에 쉽게 굴복하는 것은 인생을 주도적으로 살아가는 모습이 아닙니다. 그런 사람은 성공하기가 어렵습니다.

주도적인 사람과 대응적인 사람

'주도적'의 반대말은 '대응적'입니다. 대응적인 사람은 어떤 자극이 오면 즉각적으로 반응을 보입니다. 하지만 주도적인 사람은 어떤 자극을 받으면 잠시 생각한 다음 자신의 가치관에 따라 반응을 선택하는 자유를 누립니다.

한마디로, 주도적인 사람은 '물'과 같은 존재이고 대응적인 사람은 마구 흔들어댄 '콜라'와 같습니다.

물이 들어 있는 병은 이리 흔들리고 저리 부딪혀도 약간만 출렁거릴 뿐 잠시 뒤면 잔잔한 수면을 되찾습니다.

반면 여기 저기 부딪히거나 흔들린 콜라는 어떻습니까? 병뚜껑을 따는 순간 마치 분수가 솟아오르듯 거품이 위로 치솟게 됩니다. 즉각 대응하는 사람도 마찬가지입니다. 그래서 상당히 많은 문제가 따릅니다.

대응적인 사람은 외부의 사건과 감정에 따라 움직이고 통제됩니다. 반면 주도적인 사람은 자신의 가치관을 기준으로 자신의 반응을 선택합니다. 그래서 올바른 가치관을 갖는 것이 중요합니다. 또한 올바른 가치관의 전제가 되는 것이 바로 역량 개발과 성품 교육입니다.

스스로 통제할 수 있는 것에 집중하라

발상의 전환

인생을 주도적으로 살아가는 사람은 행복과 불행도 스스로 선택합니다. 고난과 역경 없이 쉽게 성공을 이룬 사람을 본 적 있습니까? 사람은 고난과 역경을 통해 성품을 개선하고 어떤 면에서는 역량까지 강화할 수 있습니다.

따라서 주도적인 사람은 '고난과 역경은 나의 성공을 위한 숨어있는 기회다.'라고 생각합니다. 즉 주도적인 사람은 고난과 역경을 불행이 아닌 행복으로 선택합니다.

모든 것은 마음자세에 달려 있습니다. 고통도 행복도 마음이 빚어낸 결과입니다. 아무리 고통스럽더라도 여러분이 행복을 선택하면 여러분 입가에는 웃음이 번지게 됩니다.

작가인 호퍼는 한때 일자리가 없어, 먹고살기 위해 어쩔 수 없이 아침마다 무료 직업소개소에 나가 일자리를 구했습니다. 하지만 그곳에는 처지가 비슷한 사람들이 500여 명이나 몰려들었고 일자리는 턱없이 부족해서 일감을 얻기가 상당히 힘들었습니다. 며칠 동안 단 한 번도 일을 구하지 못한 호퍼는 곰곰이 생각에 잠겼습니다.

'그들은 대체 무슨 기준으로 사람들을 뽑아 일을 맡기는 것일까?'

그는 나름대로 머리를 써서 하루는 맨 가운데에 앉아보기도 하고, 또 하루는 맨 뒤에 서 있기도 했습니다. 좀 더 눈에 잘 띄기 위해 책을 들고 서 있거나 진한 색의 옷을 입기도 했지만 결과는 마찬가지였습니다.

'혹시 내가 너무 조급하게 서둔다는 인상을 주는 것은 아닐까? 마치 일자리를 찾지 못해 안달이 난 사람처럼 초조하고 불안한 표정을 짓고 있는 것이 문제일지도 몰라.'

그리고 다음날, 호퍼는 얼굴 가득 미소를 띠고 행복한 표정으로 앉아 있었습니다. 그날도 직업소개소에는 수백 명의 사람들이 몰려들었는데, 시간이 되자 인부를 구하는 사람이 나타나 사람들을 둘러보기 시작했습니다. 그러고는 이내 호퍼를 가리키며 말했습니다.

"저기, 저 가운데 웃고 있는 사람!"

이후로 호퍼는 매일 일자리를 구할 수 있었습니다.

할 수 있는 것을 찾아라

웃는 얼굴로 행복을 선택하십시오. 대응적인 사람은 작은 고통에도 화를 내고 신경질을 부리지만 주도적인 사람은 그러한 순간에도 행복을 선택합니다.

주도적인 사람은 무관심권 또는 관심권보다 영향력권에 더 많은 시간을 투자합니다. 무관심권이란 관심이 전혀 없는 것을 말합니다. 즉 나 또는 우리와 연관되어 있지 않아 관심을 기울이게 되지 않는 사안을 뜻합니다.

예를 들어 아프리카에 비가 오고 있다는 소식이나 중남미 쿠바의 입시제도에 대해 관심이 있습니까? 대개 관심을 갖지 않습니다. 그것이 바로 무관심권입니다. 하지만 지금 서울에 비가 온다거나 한국의 입시제도가 바뀐다면 당연히 관심을 갖게 됩니다.

관심권이라는 것은 여러분이 직접 통제할 수는 없지만 관심이 있는 것을 말합니다.

관심권 안에는 여러분이 통제할 수 있는 것도 있고, 그렇지 않은 것도 있습니다. 부모님의 행동이나 내가 응원하는 야구팀의 승점을 여러분 마음대로 통제할 수 있습니까? 그럼에도 대응적인 사람은 관심권 안의 일에 신경을 쓰고 벗어나지 못합니다. '어떻게 하면 우리 부모님을 바꿀 수 있을까?'

'어떻게 하면 점수를 바꿀 수 있을까?'를 고민한다는 말입니다. 문제가 상당히 심각하다고 할 수 있습니다.

반면, 주도적인 사람은 영향력권에 많은 노력을 기울입니다. 영향력권은 자신이 직접 통제할 수 있는 분야입니다. 자기 자신은 자기 마음대로 할 수 있으므로 영향력권에 속한다고 할 수 있습니다.

예를 들어 동생이 말을 안 듣거나 귀찮게 할 때, 일방적으로 동생을 다그치며 변화를 원하는 사람은 관심권에 노력을 집중하는 사람입니다. 타인을 변화시키는 것은 여러분이 통제할 수 있는 영역이 아니기 때문입니다.

그런 경우에는 자기 자신이 먼저 변해야 합니다. 동생이 말을 안 들으면 '왜 말을 안 듣는지' 원인을 찾아보고 내가 어떻게 변해야 하는지를 알아내 바꾸면 됩니다.

또 어떤 사람은 선생님을 변화시키려고 애씁니다. 이러한 시도도 관심권에 대한 노력입니다.

영향력권에 노력하는 사람은 '왜 선생님이 자신을 좋아하지 않는지' 곰곰이 생각해보고 자신이 약속을 어긴 것은 아닌지, 숙제를 안 해 왔는지, 말을 안 들었는지, 수업시간에 떠들지는 않았는지 스스로를 돌아보고 변화하려고 노력합니다. 이처럼 영향력권에 속하는 것은 '자신이 할 수 있는 것'입니다.

성공하는 사람들의 좋은 습관

관심권에 대한 노력이 커질수록 관심권의 영역은 자꾸만 넓어지게 됩니다. 그러나 영향력권에 더 많은 노력을 기울이면 자신의 영향력이 자꾸만 넓어집니다. 결과적으로 부모님도 선생님도 동생도 친구도 모두 여러분을 좋아하게 됩니다.

남을 비난하고 험담하고 원망하는 것보다는 '저 사람이 왜 나를 비난할까?' '왜 나를 원망하는 것일까?'에 초점을 맞춰 자기 자신을 변화시키려고 노력하는 사람이 영향력권에 더 많이 집중하는 사람입니다.

《성공하는 사람들의 7가지 습관》으로 유명한 스티븐 코비는 이렇게 말합니다.

"만약 내가 진정으로 어떤 상황이 개선되기를 원한다면 내가 통제할 수 있는 단 한 가지, 나 자신에게 초점을 맞춰 노력해야 한다."

주도적인 행동, 나의 가치관에 따른 행동은 후회할 확률이 상당히 낮지만 대응적인 행동, 기분이나 감정 또는 상황에 따른 행동은 후회할 확률이 아주 높습니다.

자기사명서를 작성하라

인생의 설계도

자기 인생의 주인으로 살아가기 위해서는 자기관리 능력과 함께 꿈이 있어야 합니다. 어디로 가고 싶은지 마음속에 명확한 그림을 그려나가야 합니다.

집을 짓든, 인생의 미래를 설계하든, 목표를 설정하든, 반드시 설계도가 있어야 시행착오를 최소한으로 줄일 수 있습니다. 그래서 여러분에게는 인생의 설계도가 꼭 필요합니다. 저는 이러한 인생의 설계도를 '자기사명서'라고 부릅니다.

여러분은 정확히 17년 후에 무엇을 하고 있을까요? 다음 9개 질문을 토대로 여러분 자신을 새롭게 발견할 수 있는 기회를 마련해 보십시오.

❶ 3년 전에 여러분이 꿈꾸던 희망은 무엇이었습니까?

❷ 해보고는 싶지만 실패할지도 모른다는 두려움 때문에 망설이고 있는 계획이 있습니까? 있다면 무엇입니까?
❸ 현재 가장 큰 장애물이라고 생각되는 것은 무엇입니까?
❹ 내 삶에서 달라졌으면 하고 바라는 것 3가지는 무엇입니까?
❺ 내 모습을 바꿀 수 있다면 어느 부분을 바꾸고 싶습니까?
❻ 하루 중에서 가장 의욕적인 시간은 언제입니까?
❼ 지금까지 받아본 칭찬 중에서 가장 기억에 남는 것은 무엇입니까?
❽ 가장 부끄러웠던 일 3가지는 무엇입니까?
❾ 만약 여유가 있다면 가장 사고 싶은 물건은 무엇입니까?

자기사명서

인생의 목표를 설정하고 내가 왜 살아가는지, 이루고 싶은 것이 무엇인지를 구체적으로 알려면 자기사명서를 작성해보아야 합니다. 그래서 어떤 사람은 자기사명서를 '생명을 운용하는 지침서'라고 부르기도 합니다.

자기사명서가 있는 사람은 거친 파도의 위협에 굴하지 않고 모터보트처럼 자체 동력의 힘으로 앞으로 나아갑니다. 그만큼 가고자 하는 목표, 목적지가 분명하기 때문입니다. 그러나 사명이 없는 사람, 목표가 없는 사람은 조금만 바람이 불어도 이리저리 흔들리고 맙니다.

자기사명서를 작성한 사람은 자신의 가치관, 자신의 인성을 어떤 방향으로 이끌어갈 것인지 생각하게 됩니다. 특히 '오늘 내가 헛되이 보낸 하루는 어제 죽은 사람이 그토록 바라던 내일이다.'

라는 글귀를 명심하고 날마다 의미 있게 살고자 노력합니다.

목표가 분명한 사람은 자신의 꿈을 달성하기 위해 모든 유혹을 물리칠 수 있는 강한 자기 통제력을 발휘할 수 있습니다. 자기사명서를 통해 자신이 무엇이 되고 싶은지 이상적인 자아를 확립하는 것이 자기 통제력 개발의 지름길이라고 할 수 있습니다.

미래에 대한 확신과 비전

1847년 열두 살 때 부모를 따라 스코틀랜드에서 미국으로 이주한 소년이 있었습니다. 소년은 전보배달원으로 일하며 힘겨운 하루하루를 보냈습니다. 그러던 어느 날, 땀을 뻘뻘 흘리며 배달한 전보를 받아든 어느 신사가 소년의 어깨를 다독이며 이렇게 말했습니다.

"총명하게 생겼구나. 지금은 이렇게 고생을 하면서 전보를 전달하고 있다만, 열심히 노력하는 것을 보니 언젠가는 모든 사람들에게 희망을 전하는 인물이 될 수 있겠구나."

그 말을 들은 소년은 너무 기쁜 나머지 자신의 미래에 대한 확신과 비전을 품고 더욱더 열심히 노력했습니다. 그리고 훗날 산업자본가로 대성하여 교육과 사회복지에 커다란 기여를 하였습니다.

이 소년이 바로 수많은 사람들에게 꿈과 희망을 심어준 앤드류 카네기입니다. 어린 시절 듣게 된 희망적인 메시지를 가슴에 새기고 더 큰 뜻을 품어 세계와 인류를 위한 대의를 세우게 된 것입니다. 이렇듯 미래에 대한 확신과 비전은 오늘의 삶을 더 충실하게 하고 내일의 삶을 긍정적으로 밝혀줍니다.

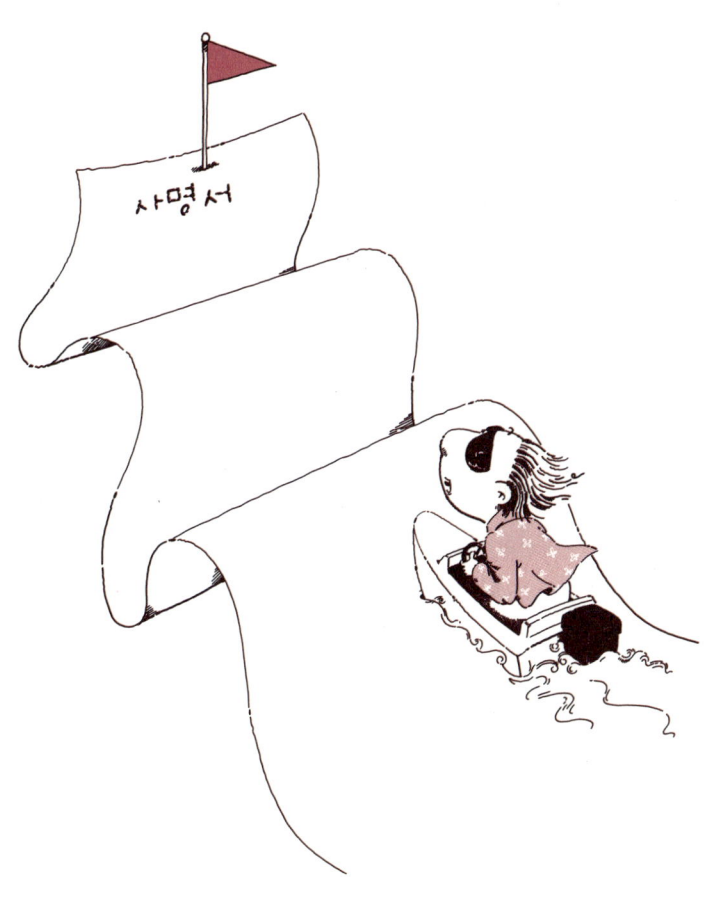

'하루'라는 통장에 매일매일 입금되는 86,400원

우선순위를 정하라

아침에 일어나면 여러분의 '하루'라는 통장에는 매일 86,400원이라는 돈이 꼬박꼬박 들어옵니다. 그 돈은, 그날 모두 사용하지 않으면 아무리 잔액이 많아도 남김없이 사라지고 맙니다. 그래서 오늘 안에 모두 쓰지 않으면 손해를 보게 됩니다. 그 돈은 내일을 위해 저축해둘 수도 없고 오로지 오늘 쓸 수 있습니다.

그 돈은 여러분에게 매일 주어지는 86,400초의 시간을 말합니다. 지금 이순간 여러분의 통장에는 얼마만큼의 시간이 남아 있나요? 단순히 손해 보는 것이 아까워서가 아니라 여러분 자신을 위해 주어진 시간을 최대로 활용하십시오.

순간 순간을 효율적으로 사용하기 위해 제일 먼저 일의 우선순위를 정하고 중요한 것부터 처리해야 합니다. 우선순위를 정해두면 시간에 쫓긴다는 의식도 떨쳐버릴 수 있습니다.

강철왕 카네기가 능력을 인정한 찰스 슈와브가 베들레헴 강철회사의 사장으로 있을 때의 일입니다.

하루는 비즈니스 컨설턴트인 아이비 리가 그를 찾아와 경영의 생산성을 크게 향상시킬 수 있는 간단한 제안을 하였습니다.

"가장 중요한 일에 1번, 그 다음으로 중요한 일에 2번……. 이렇게 번호를 매긴 후, 일을 할 때는 우선 1번부터 하십시오. 1번 일이 끝나기 전에는 결코 2번 일로 넘어가서는 안 됩니다. 중요한 순서대로 일을 하나하나 끝내는 것입니다. 그날에 계획된 일이 끝나면 새로운 목록을 준비하여 다시 가장 중요한 일에 우선순위를 두십시오."

그의 제안을 받아들인 슈와브는 몇 주일 후, 아이비 리에게 당시로서는 엄청난 액수인 2만 5천 달러짜리 수표를 보냈습니다.

시간 관리를 하라

시간이 없다는 사람을 보면 보통 시간을 엉망으로 쓰는 경우가 많습니다.

시간을 엉망으로 쓰는 사람에게 "무한대의 시간이 주어지면 무엇을 하겠습니까?"라고 물어보십시오. 아마도 밀린 공부, 특기, 운동연습, 독서, 외국어 공부 등 자기계발을 하겠다고 대답할 것입니다. 더러는 대인관계를 개선하기 위해 노력하겠다는 사람도 있습니다.

그러면, 무한대의 시간이 주어지지 않으면 그런 일들을 하지 않겠다는 뜻입니까? 그것을 왜 지금 하면 안 됩니까? 절대로 해야 할 일을 뒤로 미루지 마십시오.

여러분의 꿈을 이루고자 할 때 가장 중요한 것이 바로 '시간'입니다. 시간 관리를 하십시오. 시간 관리를 하면 절대로 일을 미루지 않게 됩니다. 미루는 습관을 버리려면 다음과 같이 하는 것이 좋습니다.

첫째, 단기적인 목표를 세우고 구체적으로 시간표를 짜서 행동으로 옮깁니다. 가능한 분 단위로 시간계획을 세우는 것이 좋습니다.

둘째, 시간낭비로 인해 내 자신이 무엇을 얻게 되는지 자기 자신에게 물어봅니다.

셋째, 절대로 시간이 부족하다는 핑계를 대지 않겠다고 결심하고 실천합니다.

젊은 시절의 1시간은 노년의 10시간의 가치가 있다고 합니다. 시간은 신축성이 뛰어나다는 점을 기억하십시오. 시간은 잡으려고 할수록 더욱 빠르게 달아납니다.

525,600분의 기적

어느 시계조립공이 아들에게 시계를 하나 만들어 주었습니다. 그런데 그 시계는 초침이 금으로 되어 있고 분침은 은, 시침은 동으로 되어 있었습니다.

"아버지, 시계가 이상합니다."

"무슨 소리냐?"

"시침이 금, 분침이 은, 초침이 동으로 되어 있어야 맞는 것 아닌가요?"

"아니다. 초침이 지나는 길이야말로 황금 길이라고 할 수 있다. 초를 허비하면 황금을 잃는 것이나 다름없다는 사실을 명심하거라. 초를 아끼지 않는 사람에게 어떻게 분과 시간이 주어지겠느냐. 이 세상은 항상 초침에 맞춰 변화한다는 사실을 잊지 않도록 하거라."

매년 새해가 되면 여러분의 시간은행 계좌에는 525,600분이 예치됩니다. 이 시간을 어떻게 쓰느냐에 따라 여러분의 인생이 달라집니다. 2020년에 여러분은 과연 어디쯤 와 있을까요?

●● **Tip for Leadership**

시간관리 매트릭스, 그것이 궁금하다!

'선택과 집중'이라는 말을 들어봤나요? 꿈을 이루는 과정에서 효과적인 시간관리를 할 줄 모른다면 꿈을 이루는 것은 불가능할 것입니다. 아래 설문에 답해보면서, 나의 시간 사용 패턴을 진단해봅시다.

1. 나는 대부분의 자기 공부시간을 학원숙제나 학교 수행평가 과제물, 또는 내일 있을 쪽지시험처럼 중요한 공부 내용을 벼락치기 하는 데 많이 보낸다.
2. 나는 시험 전 벼락치기처럼 긴급한 상황에 닥쳐야만 공부를 하는 편이다.
3. 나는 많은 시간을 허송세월하는 편이다. 예를 들면, 텔레비전 시청이나 만화책, 게임기, 인터넷 등에 많은 시간을 소비한다.
4. 나는 항상 내가 꼭 해야 하는 중요한 일보다 선생님 혹은 부모님처럼 다른 사람의 중요한 일들에 관심을 쏟는다.
5. 나는 꼼꼼하게 준비하고 계획표를 작성하면서 공부하는 편이다.
6. 나는 시간관리를 소중하게 느끼거나 시간을 아껴 쓰려고 하지 않는 것 같다.
7. 나는 계획을 잘 세우고 시험 전에 미리미리 공부하며, 친구들이나 선생님들로부터 인정받고 바람직한 관계와 리더로서의 역할을 위해 노력한다.
8. 나는 내 계획에 따른 우선순위나 공부시간을 외부의 자극(예를 들면, 친구들의 긴급한 부탁, 연락에 대한 답변 등)에 의해 방해받고 이런 일들을 참견하고 처리하는 데 많은 시간을 보낸다.

위의 질문들에 대해 **전혀 그렇지 않다-그렇지 않다-그렇지 않은 편이다-그런 편이다-그렇다-매우 그렇다**의 6단계로 대답하여 왼쪽부터 1~6점으로 점수를 적어봅니다.

- **1+2번 질문의 점수 합** : 긴급성 중독형의 패턴 정도를 보여줍니다.
- **5+7번 질문의 점수 합** : 점수가 높을수록 시간관리자형에 가깝습니다.
- **4+8번 질문의 점수 합** : 속임수 포로형의 패턴 정도를 보여줍니다.
- **3+6번 질문의 점수 합** : 도피성 허비형의 패턴 정도를 보여줍니다.

시간관리 패턴을 확인해주는 효과적인 도구에는 '시간관리 매트릭스'라는 것이 있습니다. 긴급성과 중요성의 차원으로 나누어 4개 상한으로 시간 사용의 내용을 구분하도록 되어 있습니다. 시간관리 매트릭스의 실제 예는 아래와 같습니다. 실제 하루 시간(평일, 주말)을 어떻게 사용하는지 아래 도구에 맞추어 분석해보면 나의 시간 사용 패턴을 확인할 수 있을 것입니다.

좀 더 효과적인 시간관리를 위해선 기존의 '예스맨' '게으른 사람'에 해당되는 일들을 줄이고, 대신 그 시간들을 '시간관리자' 유형의 일들로 전환해야 합니다. 나만의 꿈이 있는 친구에게는 당연한 것이겠지요?

	긴급함	긴급하지 않음
중요함	**미루는 사람** · 급박한 위기 · 당면한 문제 · 내일로 다가온 쪽지시험 · 긴급한 숙제	**시간관리자** · 준비, 예방 · 자기계발 및 학습 · 인간관계 구축 · 필요한 휴식 · 사명서 쓰기
중요하지 않음	**예스맨** · 불필요한 방해물 · 불필요한 서클활동 · 소소한 전화나 문자 · 사소하지만 바쁜 일	**게으른 사람** · 다른 사람의 사소한 일 · 별 용건 없는 수다성 전화 · 시간 낭비하는 일들 · 지나친 텔레비전 시청이나 지나친 게임, 휴식

자아컨트롤 리더십 9

내 인생의 영원한 보호자는 나 자신뿐이다
_서진규

《나는 희망의 증거가 되고 싶다》 저자
미국 육군으로 미국, 한국, 독일, 일본 등지에서 근무
1996년 소령으로 예편
현 미국 하버드 대학 박사과정(국제외교사-동아시아 언어학과)

변화 없이는 성과도 없다

우리를 옥죄는 올가미

"진정으로 살고자 하는 이 우주를 비상하라. 당신의 꿈에 생명을 주십시오. 그러면 당신은 멋진 삶을 얻을 것입니다."

저는 이 말을 참 좋아합니다. 힘들고 어려울 때마다 마치 용솟음치는 삶의 활력을 가슴 속에 한 바가지 퍼붓는 것처럼 속이 시원해지기 때문입니다.

많은 사람들이 인간이 만든 이런저런 올가미에 자신을 속박하며 살아가고 있습니다. 저는 그러한 올가미에 굴복하지 않고 참다운

삶을 살고 싶었습니다. 그래서 수많은 나날을 희망을 찾아 헤맸고, 불가능해 보이는 벽에 부딪혀 좌절하기도 했습니다.

그럴 때마다 저는 제 자신을 구하기 위해 스스로를 영웅화하기도 했고 위대한 사명을 안겨주기도 했습니다. 가능성의 증거가 되고 싶었기 때문에, 불가능해 보이는 벽이 제가 열어야 할 문이라고 제 자신을 설득하기도 했습니다.

어떤 상황에서든 자신의 삶에 도움이 될 희망과 용기를 얻는 것은 각자의 선택입니다. 그것이 꿈을 보는 자기만의 눈입니다. 주위를 돌아보면 희망과 행복의 재료들이 곳곳에 산재해 있음을 알게 됩니다. 그것을 자신의 삶에 어떻게 적용하고 활용하느냐에 따라 꿈과 행복이 결정됩니다.

물론 선택은 각자의 몫입니다.

가능한 한 자신의 삶에 도움이 될 희망과 용기의 재료를 최대한 활용하여 꿈을 실현하시기 바랍니다.

현재 여러분이 지키며 살아가는 제도, 법, 범주, 관습 등은 모두 자연의 철칙이 아닙니다. 우리의 선조들이 필요에 의해 만든 것에 불과합니다. 어떤 것은 권력자가 권력을 지키기 위해, 또 어떤 것은 부자가 자신의 부를 지키기 위해 밑바닥에 있는 사람들이 위로 올라오지 못하도록 만든 것도 있습니다.

멋진 반항아

만약 그것이 지금 시대에 맞지 않는다면, 초고속 시대에 부적합하다면 이제 현대의 주인인 여러분이 바꿔나가야 합니다. 그것이

바로 오늘을 살아가는 여러분의 임무이자 사명이고 멋진 반항아의 길입니다.

우리가 흔히 생각하는 것처럼 초등학교에 들어간 뒤 16년 만에 일류대학을 나와 대기업에 취직하는 것만이 인생의 성공이라고 할 수는 없습니다. 아무리 20대 초반에 잘 나가는 회사의 중역이 되었을지라도 그것이 자신에게 맞지 않는다거나 인격적인 문제로 인해 도중하차하는 경우는 얼마든지 있습니다.

죽는 순간에 "인생이 허무하다. 후회스럽다."라며 떠나는 사람은 결코 인생의 승자라고 할 수 없습니다.

인생은 전투입니다. 저는 한국에서 대학을 못 다녔기 때문에 대학 배지 단 사람들만 봐도 먼발치서 부러움에 눈물을 흘리곤 했었습니다. 하지만 막상 하버드 대학에 가서 보니까 우리나라에서 제일로 치는 서울대학교를 알아주는 사람은 아무도 없었습니다.

세계의 리더들이 인정하는 것은 한 사람 한 사람의 실력 그리고 그 사람의 됨됨이입니다. 중요한 것은 학벌이 아니라 정말로 남들 앞에 나서서 떳떳하게 맞설 실력이 있느냐 없느냐 입니다. 더욱더 중요한 사실은 '실력은 학교가 키우는 것이 아니라 자기 자신이 키워야 한다' 는 것입니다.

글로벌 시대의 진정한 리더

지금은 글로벌 시대입니다. 좀 더 넓은 세상으로 시야를 넓히십시오. 하버드 대학에서는 세계적으로 내로라하는 우수한 두뇌들이 모여 그야말로 피 터지게 공부하고 있습니다. 언젠가 저는 그 학생들에게 이렇게 말한 적이 있습니다.

"여러분들이 하버드까지 와서 놀지도 못하고 잠도 못 자면서 이렇게 공부에 몰두하는 이유가 무엇입니까? 아마도 단순히 하버드라는 학벌 때문만은 아닐 것입니다. 여러분은 분명 세계를 이끌어갈 리더가 되기 위해 이렇게 공부하고 있는 것입니다.

그렇다면 여러분들에 의해 삶이 결정될 그 많은 사람들에 대해 여러분은 무엇을 알고 있습니까? 대체 그들에게 무엇을 얼마나 가르쳐줄 수 있습니까? 혹시 책상머리에서 배운 것으로 그들에게 이론적으로 다가가려는 것은 아닙니까?

이 젊은 학창시절에 왜 상아탑 안에 갇혀 지내고 있습니까? 현장에 나가 직접 부딪쳐보십시오. 노동판에 나가 짐도 날라보고 식당에 가서 서빙도 해보고 정말로 여러분이 이끌어나갈 사람들 또는 도와야 할 사람들이 진정으로 필요로 하는 리더가 어떤 사람인지 알아보십시오.

현장에서 몸으로 배운 것과 상아탑 안에서 배운 것이 어우러졌을 때 진정으로 세계를 가꿔나갈 멋진 리더가 될 수 있을 것입니다."

지금도 기억에 남는 한 백인 학생은 휴학계를 내고 중국 상하이로 날아갔습니다. 집이 부유한 편이라 늘 부족한 것 없이 자란 그 학생은 1년 동안 중국을 체험하고 돌아와 이렇게 말했습니다.

"바텐더 일을 하면서 생활비를 벌었는데 1년이 그렇게 짧은 줄 몰랐습니다. 또한 중국의 힘이 어디서 나오는지 그리고 내가 얼마나 행운아인지 깨달았습니다. 그야말로 미래도 없이 밑바닥 생활을 하는 사람들을 직접 보면서 미국에서 부잣집 아들로 태어나 엄청난 기회를 누려온 제가 얼마나 행운아인지 알게 된 것입니다.

늘 불평불만으로 가득했던 저는 중국여행 이후 내 앞에 주어진 행운에 감사하고 그것을 잘 활용하여 이 세상에 뭔가 기여할 수 있는 삶을 살아야겠다고 결심했습니다."

이러한 학생들이 점점 많아져야 세상이 바뀔 수 있습니다. 진정한 리더가 자꾸 생겨나야 미래의 희망이 밝아집니다.

계란으로 바위만 치지 말고 품어서 닭을 만들어라

느끼지 못하면 소용없다

여러분이 자기 자신을 버리지 않는 한, 여러분의 가능성은 무한합니다. 아무리 힘들고 어렵더라도 스스로를 계속 갈고 닦는 사람은 언젠가 빛을 보게 마련입니다.

제게는 못 먹고 못 입고 갈 곳이 없어 추운 길바닥에서 배고파 울게 했던 이 사회가 제 꿈을 더욱더 불사르게 했습니다.

고등학교를 간신히 졸업한 뒤, 가발공장에서 구호물자로 나눠주는 옷을 입고 시시한 대학 배지만 보아도 부러움에 눈물을 흘리던 제가 이만큼이라도 남들에게서 인정받을 수 있었던 것은 이 사회가 만들어준 힘든 환경 때문입니다. 그러한 어려움이 없었더라면 저는 분명 힘든 일이 닥쳤을 때 그대로 쓰러져 포기하고 말았을 것입니다.

또 한 가지 중요한 사실은 아무리 남녀차별, 빈부격차, 권력에 따른 차별이 있어도 내가 직접 피부로 느끼지 못하면 그러한 고통이 아무런 도움도 안 된다는 점입니다.

품어서 닭을 만들어라

저에게는 그러한 차별을 몸으로 느끼게 해준 분이 있었습니다. 바로 제 어머니입니다. 우리 어머니는 남들보다 유난히 남녀차별이 심했습니다.

아버지 혼자 벌어서는 식구들 생계가 막막했기에 어머니까지 생활전선에 나서야 했던 우리 집에서 집안일은 대부분 제 몫이었습니다. 오빠나 남동생은 늘 차려주면 편안히 앉아 먹었고, 저는 작은 몸으로 온갖 궂은일을 다해야 했습니다.

어린 나이에 집안 살림을 꾸려나가고 얼어붙은 개천가에서 손을 비벼가며 빨래를 해야 하는 현실에 대해 절절한 심정으로 분노하면서 저는 반항의 힘을 키워갔습니다. 저는 이미 그 시절에 불의를 마주하면 몸속에서 반항과 분노가 저절로 치솟는다는 것을 깨닫게 되었습니다. 어머니의 차별 앞에서 저는 그것을 절감했고 그러한 반항과 분노가 오기를 심어준다는 것을 알게 되었습니다.

'어디 두고 보자! 반드시 성공하고 말리라!'

그 당시에는 성공이 무엇인지 몰랐지만 여자도 남자 못지않게 할 수 있다는 것을 반드시 증명해 보이겠다는 오기가 그야말로 하늘을 찌를 정도였습니다.

저는 멋진 반항아였지만, 제게 돌아오는 것은 늘 매뿐이었습니다. 저는 갈 곳이 없었습니다. 보따리를 싸서 도망을 친다 해도 저에게는 승산이 없었습니다. 그때 저는 미래를 꿈꿨습니다. 착실히 실력을 키워나가면서 미래에 반드시 멋진 복수를 하겠다고 생각했습니다.

당시에 제가 아무리 계란으로 바위를 친들 바뀌는 것은 아무것도 없었을 것입니다. 그래서 저는 계란을 아껴 닭을 만들고 닭이 알을 낳게 하여 그 알로 다시 닭을 만들겠다고 결심했습니다. 한마디로, 미래를 꿈꾸었던 것입니다.

계란을 그냥 바위에 던지면 깨져버리고 맙니다. 그러니 계란을 잘 활용할 방법을 연구해야 합니다. 제가 그때 탈출구로 여겼던 것은 바로 '공부'입니다. 그래서 초등학교 6학년 때부터 눈에 불을 켜고 공부에 매달렸습니다. 꼭 성공하고 싶었기 때문입니다. 성공해서 꼭 복수하고 싶었습니다.

그런데 복수의 일념으로 시작한 공부를 통해 어느덧 즐거움과 재미를 느끼게 되었습니다. 들여다보면 들여다볼수록 지식이 머릿속으로 들어가고 스스로 점점 똑똑해지는 것이 느껴지면서 그것이 그렇게 신기할 수가 없었습니다.

제가 그렇게 열심히 공부했던 이유는 바로 '목표'가 있었기 때문입니다. '왜 공부를 해야 하는지' 그 이유를 알고 있었던 것입니다.

지금이 아니면 안 돼!

공부란 정말로 하고 싶어서 해야 효과가 있습니다. 저는 이미 공부할 각오를 다지고 있었기에 준비가 되어 있었고, 또한 저에게는 공부가 필요했습니다. 하지만 저는 집안 살림을 도맡아서 해야 하는 처지였기 때문에 늘 시간이 부족했습니다.

덕분에 저에게는 '내일 해야지.' 하는 것이 있을 수 없었습니다. 지금 하지 않으면 내일을 기약할 수 없는 상황이었기 때문입니다. 틈나는 시간을 최대한 활용해야 하는 처지에서 '나중에 해야지.' 하는 생각은 결코 할 수 없었습니다. 어쩌면 그러한 열정이 오늘의 저를 있게 했는지도 모릅니다.

또 한 가지, 술장사를 하던 제 어머니는 늘 술에 취해 있었기 때문에 한 번도 대화다운 대화를 나누며 제 미래에 대해 얘기해본 적이 없었습니다. 그래도 저는 미래를 위해 집을 떠나야겠다는 결심을 다졌고, 선생님께 도움을 청했습니다.

당시만 해도 선생님 말씀이라면 부모님들이 꼼짝 못하던 시절이라 선생님이 설득을 하니까 어머니는 저를 서울의 작은 아버지 댁으로 보내주었습니다. 남녀차별이 심하던 그 시절에 그것도 살림을 도맡아 하던 딸을 공부시키려고 내보낸다는 것은 참으로 어려운 결정이었을 것입니다.

사느냐, 죽느냐 기로에 서서

저는 어렵게 고등학교를 마칠 수 있었습니다. 하지만 이 사회는 남녀차별만 있는 것이 아니라 빈부의 차별, 권력의 차별도 있었습니다.

어머니는 바쁜데 빨리 내려와서 돕지 않는다고 성화이고 작은집에서는 끈이 없어 취직을 못한 저의 등을 자꾸만 떠밀어 내었습니다. 그때 참 많이 울었고 배고픔과 추위에 떨기도 했습니다.

마침 사촌언니가 가발공장에 취직을 시켜주어 직공이 되었고, 그 후에는 식당종업원 일도 했습니다. 그러다가 첫사랑을 만났지만 그 사람도 나의 환경이나 처지를 따지더니 결국 잘 나가던 차관의 딸에게로 가버리고 말았습니다.

그때 저는 삶의 나락으로 떨어지는 듯한 엄청난 고통에 휩싸여 죽을 결심까지 하게 되었습니다. 그리고 가장 쉬운 자살방법을 찾다가 어느 미국 가정에서 식모를 구한다는 신문광고를 보게 되었습니다.

제가 만약 그간 숱한 고통을 겪지 않았다면 직업소개소에서 낸 신문광고만 보고 미국으로 건너가겠다는 당찬 결심까지는 하지 못했을 것입니다.

여기서 중요한 사실은 저를 아주 힘들게 했던 어머니가 과감하게 딸 하나를 잃는 셈치고 저를 미국으로 보내주었다는 점입니다. 남들은 스무 살의 꽃다운 나이에 매춘으로 팔려간다고 보내지 말라고 했지만 어머니는 용기를 내 비행기 표를 손수 구해주셨습니다.

지금 생각하면 한국에서의 어려웠던 시절, 사회적 조건, 나를 힘들게 했던 주변 사람들이 참으로 고마울 지경입니다. 간혹 사람들은 저에게 "미국에 가서 얼마나 고생이 많았느냐."라고 말합니다. 하지만 펄펄 끓는 뜨거운 물에 손을 데어본 사람은 어지간한 뜨거운 물에 손을 넣어도 하나도 뜨겁지 않다고 느낍니다.

일단 미국이라는 나라는 일한 만큼 돈을 주고 한국만큼 사람차별을 하지 않으니 사는 게 무척 쉽게 느껴져 내가 지금 꿈을 꾸는 것은 아닌가 싶은 생각이 들 정도였습니다.

물론 어려움이 전혀 없었던 것은 아닙니다. 가장 큰 어려움은 한국에서 온 남편을 만난 일이었습니다. 갓 미국으로 건너온 남편에게 한눈에 반해 주변 사람들의 반대를 무릅쓰고 결혼을 했습니다. 하지만 그 사람은 마누라와 북어는 사흘에 한 번씩 패야 한다는 생각이 확고한 사람이라 참 많이 두들겨 맞았습니다. 그래서 제가 탈출구로 택한 것이 바로 군대였고 그곳에서 그야말로 목숨 걸고 뛰었습니다.

영어 한마디 제대로 할 줄 모르면서 식모 일을 찾아 미국으로 건너간 저는 10년 만에 미군에서 우수한 성적으로 소위로 임관하게 되었습니다. 다시 그로부터 10년이 흐른 후에는 대위가 되었고 군의 지원을 받아 하버드 대학에서 공부도 했습니다.

내가 세상의 중심이다

아무리 모든 조건이 갖춰져도 자신을 구해줄 단 한 사람, 그 사람이 없으면 모든 것이 허사입니다. 그 사람은 바로 자기 자신입니다. 삶이라는 것은 주변 사람들의 책임이 아닙니다. 스스로 자신의 보호자가 되어야 합니다.

행복도 불행도 모두 자신이 받아들여야 할 결과입니다. 아무리 열악한 환경에서 태어났어도 자기 인생을 다른 사람들의 옳지 않은 뜻이나 무관심에 그냥 휩쓸리도록 내버려두어서는 안 됩니다.

저를 구한 사람 역시 바로 제 자신입니다.

세상이 모두 나를 버린다 해도 나마저 나를 버릴 수는 없는 노릇입니다. 내가 나를 버리면 결과적으로 그 고통은 내가 받아야 합니다. 모든 가능성은 내가 나를 버리지 않고 나를 키웠을 때, 그리고 나만을 위해 사는 삶이 아닌 뭔가 큰일을 위해, 세계를 위해 삶을 멋지게 살려고 할 때 이루어집니다.

여러분 스스로를 지키고 보호하십시오. 여러분 스스로 자신의 주인이 되어야 합니다.

목표에서 눈을 떼지 마십시오. 목표가 뚜렷하고 그것을 달성하려는 절실한 바람이 있다면 도중에 부딪히는 수많은 장애도 여러분의 의지를 꺾지 못할 것입니다.

한국 그리고 세계는 여러분의 어깨에 달려 있습니다.

인생은 단 한 번뿐입니다. 죽음이 나를 데리러왔을 땐 멋지게 떠나십시오. 죽음의 기회도 단 한 번뿐입니다. 그러나 지금 우리는 살아 있습니다. 단 한 번뿐인 자신의 인생, 멋지게 살다 가십시오. 삶의 기회란 다시 오지 않습니다.

●● Tip for Leadership

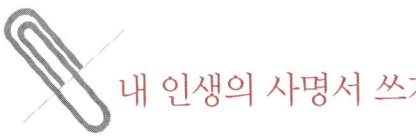
내 인생의 사명서 쓰기

자기사명서란?
자기 인생의 목표와 의미를 표현한 글로, 각자의 의사를 결정하고 행동을 선택하는 데 있어서 지침이 되는 개인헌법의 역할을 합니다. 나만의 독특한 삶의 목적이라고 할 수 있습니다.

위대한 발견
'위대한 발견'은 사명서를 쓰려고 준비하면서 내 마음 깊은 곳의 나 자신을 만나보는 일입니다. 일단 시작하면 솔직하게 대답해야 합니다. 책에 답을 써도 좋고, 내키지 않으면 그냥 머릿속으로만 답을 생각해도 됩니다. 다하고 나면 마음을 움직이는 것이 무엇인지, 어떤 일을 하기를 좋아하는지, 누구를 존경하는지, 삶의 목적지가 어디인지 좀 더 분명한 생각을 하게 될 것입니다.

다음의 질문에 답해보세요.
1. 인생에서 가장 갖고 싶은 것은 무엇인가? (예: 유능함, 개성, 사랑스러운 가족, 경제적 독립, 원하는 학교 입학하기 등 유형, 무형의 것)

2. 인생에서 가장 하고 싶은 것은 무엇인가? (예: 세계여행, 박사 학위 따기, 내 손으로 집 지어보기, 봉사활동)

3. 어떤 사람이 가장 되고 싶은가? (이 질문에 답하기 위해서는 먼저 가장 존경하는 사람들을 생각하고, 그들의 자질을 적어본다. 예: 관대함, 신념, 확신, 경청하는 태도, 정직, 박식함, 유머감각)

4. 10년 후 지역신문에서 나에 대한 기사를 쓰려 한다. 부모, 형제, 친구 셋을 인터뷰한다고 하는데, 그들이 자신에 대해 뭐라고 말해주었으면 좋겠는가?

5. 누구나 한두 가지 재능은 갖고 있다. 다음 중 자신이 잘하는 게 있는가? 없으면 생각하여 써보자. (예: 숫자에 강하다, 어휘에 강하다, 창의적이다, 운동을 잘한다, 추진력이 있다, 필요한 것을 금세 찾아낸다, 기계를 잘 다룬다, 예술적이다, 협동심이 있다, 기억력이 좋다, 결정을 잘한다, 건축모형을 잘 만든다, 포용력이 있다, 예지력이 있다, 말을 잘한다, 글을 잘 쓴다, 춤을 잘 춘다, 남의 말을 잘 들어준다, 노래를 잘한다, 유머감각이 뛰어나다, 무엇이든 친구와 잘 나눈다, 음악적 자질이 뛰어나다)

6. 내가 흥미를 갖고 있는 직업이나 분야는?

7. 나의 꿈은 무엇인가? 그 꿈을 통해 이루고자 하는 것 또는 사회에 기여하고 싶은 것은 무엇인가?

8. 35세가 된 내 모습을 상상해보자. 누구와 함께 어디에 있을까? 무엇을 하고 있을까? 어떤 사람이 되어 있을까?

사명서 쓰기 연습

10대들이 사명서를 작성하면서 하는 큰 실수 중의 하나는 완벽하게 만들겠다는 욕심에 시간을 너무 많이 들이다가 결국 시작도 못하는 것입니다. 불완전한 초안이라도 일단 만들고 난 후, 나중에 보완하는 게 훨씬 낫습니다.

또 한 가지 큰 실수는 다른 사람들 것과 똑같은 사명서를 만든다는 것입니다. 그렇게 하는 것은 별 효과가 없습니다. 사명서는 어떤 형태라도 좋습니다. 선생님에게 제출하려고 쓰는 것도 아니고 점수를 매기는 것도 아닙니다. 사명서는 비밀문서입니다. 사명서가 노래하게 하세요. 가장 중요한 기준은 "사명서를 보면 많은 생각이 떠오르는가?"입니다. "그렇다."라고 대답할 수 있다면 된 것입니다.

1. 좋아하는 격언이나 말 참고하기
2. 5분간 쓰고, 15분간 정리하기
3. 작성 후 조용한 곳에서 사색하기
4. 계속해서 수정하고 다듬기

작성이 끝나면 일기장이나 거울같이 자주 볼 수 있는 곳에 두어야 합니다. 아니면 작게 만들어 코팅을 해서 지갑에 넣고 다녀도 좋습니다. 자주 볼수록 좋고, 아예 외워버리면 더 좋습니다.

사명서 사례

사례 1. 인생은 짧다

- 즐겁게 살아라
  내 삶을 후회 없는 즐거움만이 가득한 삶으로 만들어라.

세상의 낙오자가 되지 않게 모든 것을 열심히, 즐겁게 하여라.

- **더불어 살아라**
  다른 사람들과 친분을 쌓아라. 나는 혼자가 아니다.
  나를 기억하는 모든 사람들의 마음속에 영원히 즐거움으로 남아라.

- **배워라**
  이 세상에서 가장 무서운 것은 모르는 것이다. 사람은 죽음을 모르기에 죽음을 두려워하고 어둠을 모르기에 어둠을 두려워한다.

- **세상의 빛이 되어라**
  나를 모르는 사람일지라도 내 이름만으로 나를 알 수 있을 만큼의 빛이 되어라. 그리고 그들의 마음속에 빛이 되어 그들을 성공으로 이끌어라.

이정협(청소년 워크숍 10기 수료)

사례 2.

1. 감사하며 살자.
2. 나 자신과의 약속을 가장 우선순위에 두자.
3. 경험이 많은 사람이 되자.
4. 다시 일하고 싶은, 함께 일하기 좋은, 앞으로 함께 일하고 싶은 사람이 되자.
5. 눈빛이 살아 있는 사람이 되자.
6. 내 인생에 의문형은 없다.

민주홍(청소년 워크숍 3기 수료)

지금부터 자신의 사명서를 작성해보자.

_____
_____
_____
_____
_____
_____
_____

10 좌절금지 리더십

최악의 상황을 인정하면 더 이상 잃을 것이 없다 _강원래

강릉대 산업공예과 자퇴
1996년부터 2인조 댄스그룹 '클론'으로 활동
당시 최고의 인기를 얻었으며 〈꿍따리샤바라〉 등 히트곡 다수
2000년 11월 교통사고로 지체1급 장애인 판정
현재 장애인들의 처우 개선을 위해 활동

인생 여기저기에는 함정이 도사리고 있다

지체장애 1급의 장애인

"끼이익! 쿵! 우당탕!"

더 이상은 기억이 없습니다. 그냥 제 몸이 순간적으로 하늘로 붕 떴다가 내려앉았다는 느낌뿐입니다. 댄스가수로서 국내는 물론이고 동남아까지 진출하여 새로운 꿈을 펼쳐보고자 지독히 땀을 흘리던 제 모습은 그 날 이후 완전히 바뀌었습니다.

정확히 2000년 11월 9일 낮 1시입니다.

오토바이를 타고 시원한 바람을 맞으며 달리던 저는 불법 유턴하는 차에 치여 가슴 밑으로는 식물인간처럼 살아야 하는 처지가

되고 말았습니다.

벌써 5년 전의 일입니다. 지독히도 아프고 쓰라린 시간이었습니다. 저 혼자서는 몸을 움직일 수도 없고, 아무 감각도 느낄 수 없었습니다. 머릿속에서는 이렇게 하고 싶다, 저렇게 하고 싶다고 끊임없이 생각하는데 몸이 말을 듣지 않는다면 어떨 것 같습니까? 혹시 자다가 가위에 눌려본 적이 있나요? 그럴 때 머릿속으로는 깨어나야 한다고 생각하면서 마구 소리라도 지르고 싶은 심정이지만 정작 입에서는 아무 소리도 나오지 않고 몸도 말을 듣지 않습니다. 바로 그것을 한 순간이 아니라 평생 동안 겪어야 하는 제 몸뚱이입니다.

누가 몸을 꼬집어도 아픈지 안 아픈지 느낌이 없습니다. 교통사고 한 달 만에 지체장애 1급 판정을 받았을 때는 정말 살고 싶은 마음이 없었습니다. 생각은 살아있는데 몸은 온갖 기계장치에 매달려 간신히 지탱하고 인간으로 살아가기 위한 모든 생명활동을 다른 사람의 손에 의지해야 한다는 것은 그야말로 너무도 비참하고 견디기 어려운 고통이었습니다.

마치 나무가 되어버린 듯한 느낌이었습니다. 한 곳에 서서 움직이지도 못하고 바람이 불면 부는 대로 비가 오면 비를 맞으며 세상의 온갖 시선과 풍파를 고스란히 온몸으로 받아들여야 하는 나무 말입니다.

제 몸은 제 것이 아니었습니다. 나를 돌봐주는 사람의 마음대로 벗겨지고 입혀지고 닦여지고 놓여지는 그야말로 내 생각과는 전혀 다른 별개의 몸뚱이였습니다.

어떻게 살아야 할까?

의식을 찾으면서 제가 가장 많이 걱정하고 염려했던 것은 바로 '어떻게 살아야 할까?'였습니다. 도대체 어떻게 살아야 하는지 막막하기만 했습니다. 어쩌면 죽을 때까지 이렇게 살아야 할지도 모른다는 생각에 너무 가슴이 아파서 더 이상 눈물도 나오지 않았습니다.

부모님과 지금의 아내는 제 곁에서 항상 눈물로 하루를 보냈습니다. 하지만 저는 마음 놓고 울 수도 없었습니다. 제게는 그런 자유조차 허락되지 않았기 때문입니다. 목에 깁스를 하고 있는 상태라 고개도 돌리지 못하는 상황에서 남에게 들키지 않고 우는 것은 거의 불가능한 일이었습니다.

저는 어떻게 해서든 주변 사람들에게 아픔과 상처를 주고 싶지 않았습니다. 그래서 일부러 밝은 척을 하고 웃는 모습을 보이며 씩씩하게 휠체어를 타고 운동을 했습니다.

인생의 곳곳에는 함정이 있게 마련입니다. 그것은 어른이든 아이든 신분이 높든 낮든 누구도 피해갈 수 없습니다. 겪어야 한다면 받아들일 수밖에 없는 것입니다.

그렇게 힘든 생활을 6개월 정도 하면서, 저는 주어진 상황 안에서 뭔가 해야겠다는 생각을 했습니다. 생명이 붙어 있는 한 그대로 식물인간처럼 살 수는 없었습니다.

제가 무엇을 할 수 있었을까요?

머리만 살아 있고 몸이 전혀 마음대로 움직여주지 않는 상황에서 제가 대체 무슨 일을 어떻게 할 수 있었을까요?

저는 그 당시 '클론'의 환상을 지우려 무던히 애를 썼습니다. 저에게는 이제 클론의 강원래는 없었기 때문입니다. 저는 단지 하루의 일을 마치고 돌아오면 사랑하는 아내와 아이가 밝은 표정으로 저를 맞이하는 모습을 그려보곤 했습니다.

함정에서 벗어나

저는 인생의 함정에 빠졌지만 그 안에 그대로 갇혀 있지 않았습니다. 그 한 가지 예로 저는 지금 직접 운전을 하고 있습니다. 발을 사용할 수 없기 때문에 특수 제작된 자동차를 타고 한 손으로 핸들을 잡고 다른 한 손으로는 브레이크와 엑셀을 조종하며 운전을 합니다. 그래도 그것이 저에게는 상당한 발전이었습니다. 그리고 얼마전까지는 라디오 DJ도 해냈습니다. 그렇게 하나하나 계획을 세우고 도전하며 이루어내고 있습니다.

얼마 안 있으면 다시 클론의 모습으로 여러분 앞에 설지도 모릅니다. 또 댄스학원을 만들겠다는 학창시절의 꿈도 열심히 가꿔가고 있습니다.

저는 지금 인생의 함정에서 벗어나 새로운 삶을 맞이하고 있습니다. 여러분 역시 하루하루가 소중하다는 것을 깨닫고 주어진 삶에 충실하십시오.

날라리로 먹고살아라

생각해보면 우리에게는 초등학교 6년을 비롯하여 중학교, 고등학교, 대학교라는 엄청난 기간의 학창시절이 주어집니다. 얼마나 좋은 시기입니까?

미국에서처럼 18세가 되었으니 네 스스로 벌어서 살라고 생활전선에 내보내는 사람도 없고 그저 열심히 학교 다니면서 공부만 잘하면 만사 OK 아닙니까? 그런데 그 시절에는 왜 그렇게도 공부가 싫고 엉뚱한 데로만 신경이 쓰이던지…….

저는 초중고 대학까지 모두 합쳐 50등 안에 들어본 적이 한 번도 없습니다. 제 실력이 어느 정도였는지 한 가지 에피소드를 들려드릴까요?

경기고교 시절, 1학년 시험기간이었습니다. 1교시에 영어시험을 보고, 2교시가 되었는데 선생님이 들어오시더니 또 영어시험지를 나눠주시는 게 아니겠습니까! 그래서 제가 손을 번쩍 들고 말했습니다.

"선생님 1교시에 영어시험 보았는데요. 혹시 반을 잘못 찾아오신 것 아녜요?"

그랬더니 선생님께서는 어이가 없다는 듯한 표정을 지으며 이렇게 한마디 하셨습니다.

"이 녀석아, 이번엔 불어시험이야."

학창시절의 추억

정말 말도 많고 탈도 많던 학창시절이었습니다. 성적이 떨어져서 부모님께 "대체 뭐가 되려고 그러냐."고 핀잔도 많이 들었고, 첫사랑과 헤어져 세상이 다 끝난 것처럼 좌절하기도 하고, 수업시간에 몰래 도시락 까먹다가 들켜서 혼나기도 하고, 수학여행 가서 짓궂은 장난도 하면서 온갖 추억과 더불어 세상 고민을 다 안은 듯 착각에 빠져 지내던 시절이었습니다.

그래도 돌이켜보면 참으로 아쉬움이 많이 남습니다.

지금 만약 학창시절로 다시 돌아갈 수 있다면 저는 영어공부를 실컷 하고 싶습니다. 세계화라는 말을 실감할 정도로 외국인을 만나거나 외국에 나갈 일도 많이 생기는데 대체 말이 통해야 얘기를 할 것 아닙니까! 그때 왜 내가 영어공부를 소홀히 했는지 정말 땅을 치면서 후회할 때가 많습니다.

물론 다른 공부에 대해서는 그다지 후회되지 않습니다. 저에게는 나름대로 공부보다 더 관심을 기울이고 더 열심히 해온 일이 있기 때문입니다.

고등학교 3학년 때, 하루는 선생님이 대입상담을 위해 저를 부르셨습니다.

"원래야, 대학 같은 것은 꿈꾸지 말고 너는 날라리가 적성에 맞는 것 같으니 그 길로 먹고살아봐라."

지금도 잊혀지지 않는 그 말 한마디가 제 인생을 바꿔놓았습니다. 물론 저는 반에서 50등 안에 들지는 못했지만 그림은 곧잘 그렸기에 강릉대학교 산업공예학과에 입학했는데 그것도 장학생으로 들어갔습니다. 하지만 담임선생님의 날라리가 적성에 맞으면 날라리로 먹고살라는 말에 용기를 얻어 제가 즐기고 좋아하던 춤을 더 열심히 추었습니다.

부모님께 면목이 서려면 뭔가 하나라도 잘해야겠다는 생각이 들었고, 춤을 잘 추어야만 여자친구도 사귈 수 있을 것 같았기 때문입니다.

알다시피 저는 클론이라는 그룹에서 활동했습니다. 그리고 함께 노래했던 구준엽은 제 고등학교 동창입니다. 가끔은 둘이 나이트클럽에 가기도 했는데 준엽이는 춤을 안 추어도 항상 인기가 많았지만, 저는 정말로 인기가 없었습니다. 그런데 제가 땀을 뻘뻘 흘리면서 열심히 춤을 추면 그제야 사람들이 저에게도 눈길을 주었습니다.

인생을 바꾼 한마디

저는 '국영수 위주'의 공부가 인생의 전부는 아니라고 생각합니다. 저는 공부로는 50등 안에 들어본 적도 없고 전교 꼴등도 한 적이 있지만 춤으로는 2등을 해본 적이 없습니다. 밤을 새우거나 끼니를 거르면서까지 악착같이 노력하여 늘 1등을 차지했습니다.

요즘은 '춤' 하면 비나 세븐을 떠올리지만 당시만 해도 소방차, 박남정, 이주노, 양현석, 유영진, 미애, 구준엽, 강원래, 김성재, 이현도가 최고였습니다.

한번은 미군들이 가는 미군클럽에서 흑인들을 상대로 춤 경연대회를 벌여 제가 1등을 한 적도 있습니다. 그때 구준엽과 강원래가

1등을 했고 2등이 양현석과 이주노, 3등은 '철이와 미애'의 미애였습니다. 그런 다음 방송에 데뷔를 했고 군대 갔다 와서 클론이라는 이름으로 데뷔한 게 28살 때입니다.

물론 춤 경연대회에서의 1등이 우리나라에서 최고를 의미하는 것은 아니지만 어쨌든 저는 제가 좋아하는 일에서만큼은 지고는 못산다는 고집과 자존심 그리고 집념이 있었습니다.

여러분도 고집을 가지십시오. 그러면 못 해낼 일이 없습니다.

저는 지금도 '날라리로 먹고살아'는 담임선생님의 말씀을 가끔 떠올립니다. 그때 선생님은 제 어깨를 두드리시면서 "넌 우리나라에서 최고가 될 수 있어. 그 대신 열심히 해야 돼. 그 결과는 바로 너에게 달려 있다."라고 말씀하셨습니다.

그 한마디가 제 인생을 이렇게 바꿔놓았습니다.

욱하지 말고 아끼고 또 아껴라

내 삶의 주인공으로

여러분은 여러분이 간절히 원하는, 그래서 진정으로 하고 싶은 일을 하고 있습니까? 아니면 남이 하니까 혹은 친구가 하니까 따라서 하고 있습니까? 한마디로, 여러분은 진정 여러분 삶의 주인공입니까? 아니면 남을 흉내내는 복사본입니까?

저는 여러분이 자기 삶의 주인공으로 살고 있기를 바랍니다. 설령 여러분이 자기 삶의 주인공으로 살고 있지는 못하더라도 마음

만큼은 간절히 주인공이 되기를 바란다고 믿습니다.

그렇다면 주인공으로 사십시오.

우선, 어떻게 하루를 시작할지 선택하십시오. 어떤 사람은 아침에 일어나자마자 우울한 얼굴로 시작합니다. 늦게 일어나 짜증을 부리거나 남의 탓을 하며 하루를 부정적인 태도로 출발합니다. 그러면 본인도 힘들고 기분이 나빠져 학교에 가서도 공부가 잘 안 됩니다.

반대로 어떤 사람은 하루를 아주 밝게 시작합니다.

'그래, 오늘 하루도 멋지게 시작해보는 거야.'

그렇게 하루를 긍정적으로 시작하는 사람은 무슨 일을 해도 긍정적으로 잘 풀립니다. 더 중요한 것은 그런 사람의 밝은 기분이 주위로 전염되어 주변 사람들의 기분까지 좋아진다는 사실입니다.

그런 사람들은 인생을 주도적으로 살아갑니다. 어떤 자극에 대해 행동하기 전에 반드시 자기 가치관에 따라 선택을 하고 행동으로 옮깁니다. 이러한 사람은 물과 같아서 조금 흔들려도 이내 평정을 되찾고, 자기 행동에 대해 스스로 책임을 지고자 합니다. 다시 말해 스스로 행동을 선택하고 그 선택의 책임은 자기 자신에게 있다고 생각하는 것입니다.

"잠깐!"을 외쳐라

대응적인 사람은 외부의 사건과 자극에 즉각적으로 대응하며 뭔가가 잘못되면 타인을 탓합니다. 이리저리 흔들린 콜라 병을 땄을 때처럼 순간적으로 폭발하고 일에 대한 책임감도 부족합니다.

살다 보면 짜증나고 힘들 때가 어디 한두 번이겠습니까. 그럴 때 자기 자신의 반응을 제어할 수 있는 사람은 책임감이 강합니다.

힘들고 짜증나고 괴로운 때일수록 즉각적인 행동을 삼가고 속으로 "잠깐!"을 외쳐 한 번 더 생각하면서 가장 좋은 방법을 찾아 선택하십시오. 한 박자 템포를 늦추는 것이 그리 쉽지는 않습니다. 대개 치솟는 콜라처럼 쉽게 맞대응을 하고 맙니다. 그러나 그렇게 행동하면 후회할 일만 늘어날 뿐입니다.

2002년 월드컵 때 포르투갈과의 경기에서 주앙 핀투라는 선수의 반칙으로 박지성 선수가 쓰러지던 장면을 기억합니까? 그때 심판이 퇴장을 선언하자, 주앙 핀투는 화를 내며 심판의 복부를 가격했습니다. 그 후 그는 국제축구연맹FIFA의 징계위원회에 회부되어 6개월간 출장 정지는 물론이고 엄청난 금액을 벌금으로 내야 했습니다. 단 한 번의 흥분으로 엄청난 대가를 치른 셈입니다.

마음을 조절하면 자기 자신을 이길 수 있다

삶은 변화의 과정이다

제가 가요계에 몸담고 있어서 그런지 가요계의 흐름을 살펴보면 새삼 많은 변화가 있었다는 것을 느낍니다.

일단 과거에는 가수보다 노래가 더 인기가 많았습니다. 가수는 누구인지 몰라도 노래는 많은 사람들이 흥얼거렸습니다. 1990년대 접어들면서 노래와 가수를 연결해 함께 인기가 높아지는 현상이 나타났습니다. '누구의 어떤 노래' 라는 식으로 가수와 노래가 함께 인기가 있었습니다. 하지만 최근에는 가수는 인기가 있지만, 노래는 그렇지 못한 경우가 많아졌습니다. 노래보다 가수 개인의 인기가 더 높은 것입니다.

삶은 변화의 과정 그 자체입니다. 따라서 우리는 변화에 민감하게 반응해야 합니다. 변화를 수용하지 않으면 도태되거나 제자리에 머물 수밖에 없습니다. 시냇물이 시내를 따라 흘러가는데 물방울 혼자서 가지 않겠다고 고집을 피울 수는 없는 노릇입니다. 그저 흐름에 몸을 맡기고 변화를 받아들여야 합니다.

사람은 누구에게나 '이것만큼은 죽어도 바꿀 수 없다' 는 나름의 고집과 집념이 있습니다. 그것마저 없다면 어쩌면 여러분 개인의 개성이나 존재 자체의 의미도 없어질지 모릅니다. 어느 정도는 자기 고집도 필요합니다. 동시에 시대의 변화에 따라 여러분도 변화를 시도해야 합니다. 아니, 시대의 변화를 앞서가야 합니다.

어쩌면 제자리에 그냥 있는 것 자체가 도태일지도 모릅니다. 남들은 모두 앞으로 달려가는데 혼자서 출발선에 머물러 있다면 그것은 말 그대로 도태입니다.

제가 삐삐머리를 하고 형광봉을 돌리며 춤을 추던 모습을 기억합니까? 당시 저는 33살이었는데, 유행이나 변화를 직접 몸으로 느끼고 변화를 추구하기 위해 늘 밤늦게까지 클럽을 살피고 관찰했습니다. 그리고 사람들이 어떤 음악을 즐기는지, 어떤 옷을 입는지, 어떤 춤을 추는지 지켜보았습니다. 그렇게 해서 얻은 아이디어

중에 하나가 형광봉이었습니다. 물론 사람들의 호응은 매우 뜨거웠습니다.

절대로 유행에 뒤처지면 안 됩니다. 고집도 좋지만 시대가 변하면 변화를 받아들일 줄도 알아야 합니다. 남을 비난하기 전에 스스로를 돌아보고 받아들일 것은 받아들여야 합니다.

긍정적인 자기암시

변화를 받아들이는 것은 그리 어려운 일이 아닙니다. 그저 마음만 바꾸면 됩니다. 여러분 마음 하나면 못할 일이 없습니다.

저 역시 많이 변했습니다. 어쩌면 제 의지와 상관없이 변한 것인지도 모릅니다. 어쨌든 저는 그 변화를 받아들여야만 했습니다. 처음에는 뼈를 깎아내는 것처럼 힘들었습니다. 왜 하필이면 저에게 이토록 강압적인 변화가 찾아와야 했는지 좌절감에 휩싸이기도 했습니다.

가장 힘들었던 것은 주변 사람들의 시선이었습니다. "쯧쯧, 힘든 몸으로 왜 돌아다녀. 집에 가만히 있지." 하는 시선은 정말로 살기 싫을 정도로 깊은 좌절을 안겨주기도 했습니다.

그럴 때마다 저는 이 말을 떠올렸습니다.

"신은 인간이 견디지 못할 시련은 주지 않는다."

그래서 저는 마음을 바꿨습니다. 사람들이 아무리 측은한 표정을 지어도, 안됐다고 혀를 차도, 저는 항상 밝고 명랑한 모습을 보이려 노력합니다. 마음속에서부터 열심히 살아야겠다는 의지를 불태우기 위해 늘 제 자신에게 밝고 긍정적인 자기 암시를 하는 것입니다.

    제가 밝게 웃으면 상대방도 저에 대한 인식이 달라집니다. 제가 이렇게 마음을 다스리고 많은 사람들에게 밝고 좋은 이미지를 새기는 데 3년이 걸렸습니다. 아직도 완벽하게 극복한 것은 아니지만 저는 꼭 제 자신을 이길 것입니다. 모든 것은 제 마음에 달려 있다는 것을 잘 알기 때문입니다.

    지금 여러분은 저보다 많은 것을 갖고 있습니다. 여러분의 팔을, 다리를, 손을, 발을 얼마에 팔겠습니까? 그것은 도저히 값으로 매길 수 없을 만큼 소중한 여러분의 재산입니다. 그 재산을 소중히 여기고 밝고 명랑하게 삶의 성을 쌓아나가십시오.

출발을 앞당기면 같은 순간에 결승점을 지난다

    응용심리학의 아버지라고 불리는 윌리엄 제임스 교수는 늘 학생들에게 이렇게 말했다고 합니다.

    "주어진 상황을 있는 그대로 받아들여라. 그것이야말로 모든 불행한 결과를 극복하는 첫걸음이다."

    일단 최악의 상황을 인정하면 더 이상 잃을 것이 없습니다. 그때부터는 얻는 일만 남습니다. 저는 이미 최악의 상황을 겪었습니다. 그것을 인정하고 받아들였습니다. 이제 저는 이 세상에서 얻을 일만 남았습니다. 그래서 더 많은 것을 얻으려고 오늘도 그리고 앞으로도 열심히 정말로 열심히 살아갈 것입니다.

어렵고 힘들다고 주저앉아 있으면 얻는 것은 우울증밖에 없습니다. 저는 휠체어를 타고 있기 때문에 여러분보다 모든 면에서 늦고 더딜 것입니다. 여러분이 100미터 달리기를 할 때는 보통 20초 안에 들어오지만 제가 휠체어를 타고 100미터 달리기를 하면 45~50초가 걸립니다.

하지만 중요한 것은 제가 여러분보다 먼저 출발하면 같은 시간에 아니면 좀 더 빨리 결승점에 도달할 수 있다는 사실입니다. 그래서 저는 늘 출발을 앞당기려 노력하고 있습니다.

비록 여러분보다 늦지만 더 먼저 시작하면, 더 부지런하면, 더 앞서가면 제 적성에 맞는 것을 찾아 그 일로 많은 사람들에게 도움도 주고 제 스스로도 기쁨을 느낄 수 있으리라 믿습니다.

새로운 시작

어쩌면 여러분 중에는 '나는 이미 늦었어.' '나는 안 돼.'라고 생각하는 사람이 있을지도 모릅니다. 하지만 저도 하고 있습니다. 30대 후반의 나이에 모든 것을 새롭게 출발하고 있습니다. 여러분은 결코 늦지 않았습니다. 여러분은 아직 비슷한 출발선상에 있습니다.

5년 후, 10년 후, 20년 후를 내다보십시오. 지금 내딛는 한 걸음이 여러분의 미래를 결정합니다.

여러분은 저보다 불편하지 않습니다.

여러분은 저보다 가진 것이 많습니다.

여러분! 항상 힘내고 건투하십시오.

●● Tip for Leadership

100점짜리 인생 만들기

"인생을 100점짜리로 만들기 위한 조건은 무엇일까요?"

진대제 정보통신부 장관이 2005년 3월 9일 오전 7시 30분부터 개최된 대한상의 초청 조찬 간담회를 시작하며 참석자들에게 던진 '농담성' 질문입니다. 진 장관은 "제가 재미있는 얘기 하나 하겠습니다."라고 말하고, 파워포인트를 열었습니다. 파워포인트에는 진 장관이 외국인에게 들었다는 '인생을 100점짜리로 만들기 위한 조건'을 찾는 법이 소개돼 있었습니다.

> 방법은 이렇습니다. 일단 알파벳 순서대로 숫자를 붙입니다. A에 1을 붙이고 B에 2, C에 3, D에 4······. 이런 식으로 가면 Z는 26이 됩니다. 그런 다음 알파벳 단어를 숫자로 환산해서 점수를 냅니다.

진 장관이 물었습니다. "열심히 일하면 될까요?" 그러고는 계산을 해봤습니다. **hard work**=98점[h(8)+a(1)+r(18)+d(4)+w(23)+o(15)+r(18)+k(11)]이었습니다. 일만 열심히 한다고 100점짜리 인생이 되는 건 아니었습니다.

그렇다면 지식이 많으면 어떨까요? **knowledge**=96점.
운으로 될까요? **luck**=47점.
돈이 많으면? **money**=72점.
리더십은? **leadership**=89점.

진 장관이 물었습니다. "그럼 무엇이 100점짜리일까요?"

"답은 A_____입니다. 인생은 _____에 따라 100점짜리가 될 수 있습니다."

 정답은 **Attitude**입니다.

attitude [ǽtitjùdǀ-tjùd] n.

그림·조각의 인물의 「포즈」의 뜻에서
자세 2 태도 1a
사고방식, 의견 1b

1a (사람 사물에 대한) 태도, 마음가짐
 b (사물에 대한) 사고방식, 의견, 의향, 심정
2 자세, 몸가짐
3 【항공】 비행 자세
4 【발레】 애티튜드(한 다리를 뒤로 구부린 자세)
5 《속어》 (사람·집단에 대한) 강경한[도전적인] 태도

- one's~of mind 심적 태도, 마음가짐
- strike an~ 뽐내는[꾸민] 태도를 보이다, 허세를 부리다
- take [assume] a strong [cool, weak]~toward [to, on]
  …에 대해 강경한[냉정한, 약한] 태도를 취하다

행복재단 리더십 11

사람은 자기가 마음먹은 만큼만 행복할 수 있다 _이석휘

성균관대학교 졸업
강부자 국회의원, 맹형규 국회의원 비서관 역임
현 한국리더십센터 컨설팅팀 팀장
현 성균관대학교 국정관리대학원 겸임교수

인생의 설계도

인생의 90퍼센트는 우리의 선택에 달려 있다고 합니다. 살면서 우리에게 일어나는 일은 인생의 10퍼센트에 불과하고, 90퍼센트는 일어난 일에 대한 우리의 대응방식이 차지합니다. 그리고 자기 인생의 주인공으로 살아가는 사람만이 그 90퍼센트에 해당하는 대응방식을 스스로 결정할 수 있습니다.

가정형편, 성적, 외모는 인생에서 10퍼센트에 지나지 않고 나머지 90퍼센트는 여러분의 선택에 달려 있습니다.

세 명의 벽돌공이 새로 건축되는 성당에서 벽돌을 쌓고 있었습니다.

그 성당의 신부는 자주 공사현장을 둘러보았는데, 어느 날 세 명의 벽돌공에게 다가와 이렇게 물었습니다.

"당신이 하는 일은 무엇입니까?"

첫 번째 벽돌공이 말했습니다.

"보시다시피 벽돌을 쌓고 있습니다. 힘들어도 먹고살려면 어쩔 수 없지요."

두 번째 벽돌공이 말했습니다.

"이 일을 해야 하루 일당으로 5만 원을 벌 수 있습니다. 이렇게 고된 일을 하는 데 고작 5만 원이라니……."

세 번째 벽돌공이 말했습니다.

"저는 지금 세계 최고의 성당을 짓고 있습니다. 3년 후면 멋진 성당이 완성될 것입니다. 수많은 사람들에게 은총을 내릴 성당의 벽을 직접 내 손으로 쌓고 있다니……. 굉장한 일 아닙니까!"

누가 아침마다 가슴 설레는 하루를 시작할 수 있으리라고 생각합니까? 자신에게 주어진 일에 감사하며 꿈과 이상을 지니고 살아가는 사람은 그 누구보다 위대하고 훌륭합니다. 자기가 하는 일에서 기쁨을 느끼지 못하거나 돈 때문에 일을 한다면 노예나 다름없습니다.

여러분의 모든 행복과 불행은 여러분 스스로 선택할 수 있습니다. 링컨은 이렇게 말했습니다.

"자신이 마음먹은 만큼만 행복할 수 있다."

그렇다면 여러분이 행복을 선택하기 위해 가장 먼저 해야 할 일은 무엇일까요? 그것은 바로 꿈, 다시 말해 목표를 갖는 것입니다. 목표는 인생의 설계도라고 할 수 있습니다.

우리는 흔히 건물을 지을 때, 설계도면을 보면서 하나하나 벽돌을 쌓아올립니다. 하다못해 개집을 지을 때도 이렇게 저렇게 설계도를 그려봅니다. 설계도가 없으면 순서가 뒤엉켜 건물이 제대로 올라가지 못할 수도 있고, 부실한 기초공사로 건물이 무너질 수도 있습니다.

마찬가지로 인생이라는 대형공사를 진행하면서 미리 설계를 하지 않는다면 삶은 엉망이 되어버리고 맙니다. 따라서 삶의 목표, 즉 설계를 명확히 해야 합니다. 어디로 가고 싶은지 마음속에 명확한 그림, 상세한 시나리오를 작성하십시오. 그래야 여러분의 꿈이 꿈으로 그치지 않고 현실이 될 수 있습니다.

인생에서 '최선의 선택'을 하려면 치밀한 계산으로 작성된 설계도를 따라 차근차근 걸어가야 합니다.

끊임없이 수정하고 다듬어야 하는 자기사명서

삶의 나침반

자기 인생 설계도를 따라 곧장 앞으로 나아가기 위한 방법 중의 하나는 '자기사명서'를 작성하는 것입니다. 자기사명서란 인생의 의미와 목표를 글로 적은 것을 말합니다. 자기사명서는 마치 절대적인 힘을 갖는 개인헌법과 같습니다. 그것은 각자의 의사를 결정

하고 행동을 판단하는 기준이 됩니다.

  길을 잃고 헤맬 때 내 손에 나침반이 있으면 방향을 알 수 있습니다. 그리고 나침반이 없을 때는 밤하늘의 북극성으로 방향을 가늠할 수 있습니다. 북극성은 항상 그 자리에 있기 때문입니다.

  마찬가지로 내 삶의 북극성, 내 삶의 나침반 역할을 하는 것이 바로 자기사명서입니다.

  자기사명서가 있는 사람은 누군가가 "왜 사니?"라고 물었을 때, 자다가도 벌떡 일어나 3초 안에 '무엇 때문에 산다'라고 명확히 말할 수 있습니다.

  하지만 자기사명이 없는 사람은 목적지도 없이 바다에 떠 있는 뗏목과 같습니다. 그러한 사람은 갈 곳이 없기 때문에 해류를 따라 되는 대로 정처 없이 살아가게 됩니다.

  자기사명이 있는 사람은 목적지가 명확할 뿐 아니라 모터보트를 타고 있는 것과 같습니다. 모터보트에는 자체 동력이 있기 때문에 강하고 빠르게 목적지를 찾아갈 수 있습니다.

  그러면 어느 여대생의 자기사명서를 살펴봅시다.

삶을 즐길 수 있도록 하소서.
제 삶이 사랑으로 충만케 하시고 저에게 있어 가장 소중한 것이 무엇인지 혼동하지 않게 하소서.
즐거울 때 웃고 슬플 때 울고 삶을 저의 온몸으로 받아들이며 느끼며 진정 즐길 수 있도록 하소서.
자신감을 갖게 하소서.

실패를 두려워하지 않게 하시고 도전하는 것에 즐거움을 느끼며
최선을 다하는 것을 자랑스럽게 여기도록 하소서.
겸손하되 이는 비굴함이 아닌 진정 충만한 자신감을 갖게 하소서.
사랑으로 주위를 보듬게 하소서.
주위 사람들이 변하기를 바라며 괴로워하기보다 제가 먼저 변하여
사랑으로 주위를 보듬어 안게 하소서.
역경을 헤쳐 나갈 지혜를 주소서.
역경 속에서 제 자신을 돌아보게 하시며 이를 헤쳐 나갈 지혜를 주소서.
저의 소망이 제 삶 가운데 이루어지고 입가에 미소가 사라지지 않는
날들만이 기다릴 것을 믿습니다.

만약 아침마다 이 글을 읽고 하루를 시작한다고 생각해보십시오. 얼마나 삶의 의욕이 넘쳐나겠습니까? 하루하루가 모여 일주일이 되고 일주일이 모여 한 달, 1년이 되는 것입니다. 결국 하루하루를 충만하게 살아가는 사람은 몇 년 지나지 않아 그렇지 못한 사람과 엄청난 차이를 보일 것입니다.

자기사명서 작성하기

그렇다면 자기사명서는 어떻게 작성해야 할까요?

내가 읽어서 좋으면 됩니다. 힘이 들다가도 그 글을 읽으면 "그래, 다시 한번 해보는 거야."라고 자신감을 얻을 수 있어야 합니다.

자기사명서를 작성하십시오. 물론 끊임없이 다듬고 수정하는

작업이 필요합니다. 자기 마음에 꼭 드는 그리고 자신에게 힘이 되어주는 사명서는 하루아침에 만들어지지 않습니다.

13번에 걸쳐 수정한 저의 자기사명서는 이렇습니다.

> "나의 사명은
> 사람들의 영혼이 맑고 깨끗해지도록
> 사람들의 마음이 행복해지도록
> 사람들의 삶이 아름다워지도록
> 내 재능과 사랑을 듬뿍 나눠주는 것이다."

한번 시도해보십시오. 처음에는 단 한 문장이라도 좋습니다. 한 문장으로 시작하여 점점 자신에게 힘과 용기를 주는 문장을 채워 나가면 됩니다.

여러분을 도와줄 거인이 바로 여러분의 내면에 잠들어 있습니다. 자기사명서만 있으면 충분히 그 거인을 깨울 수 있습니다. 거인을 깨워 여러분 인생의 동반자로 삼으십시오.

저 높은 곳을 향해 꿈을 날려라

자기 자신과의 싸움

여러분은 아마도 '토끼와 거북'의 이야기를 모두 알고 있을 것입니다. 그 우화에서 토끼의 목표는 남들에게 자랑하고 싶어서 뽐

내고 싶어서 거북을 이기는 것이었고, 거북의 목표는 끝까지 가는 것, 즉 완주였습니다.

한마디로, 토끼의 경쟁 상대는 거북이었고 거북의 경쟁 상대는 자기 자신이었습니다. 그러다 보니 토끼는 거북을 무시하고 깔보다가 낮잠까지 늘어지게 자고 결국에는 거북에게 지고 맙니다.

만약 여러분이 진정한 리더라면 토끼처럼 비교하고 경쟁하고 배 아파하기보다 거북처럼 자기 자신과의 싸움에서 이겨야 합니다.

구르는 것도 재주

그러면 토끼와 거북의 이야기를 다시 한번 생각해봅시다.

땀을 뻘뻘 흘리며 정상에 오른 거북은 뒤늦게 쫓아온 토끼에게 한 가지 제안을 합니다.

"토끼야, 이번 한 판으로 승부를 내는 것이 억울하지? 우리 다시 한번 시합을 해볼까?"

"그게, 정말이야?"

"물론이지. 이왕이면 우리 돈을 걸고 내기를 하는 것이 어때? 대신 우리가 지금 정상에 있으니까, 게임은 산을 오르는 것이 아니라 내려가는 것으로 하자."

"좋아!"

토끼는 자존심이 왕창 구겨져 있는 판에 거북이 그럴싸한 제안을 하자 신이 나서 앞뒤 재지도 않고 거북의 뜻을 받아들였습니다.

"토끼야, 이번에는 절대로 중간에 자면 안 돼!"

"알았어. 걱정 마!"

드디어 경주가 시작되었습니다. 이번에는 과연 누가 이겼을까요? 물론 거북이 이겼습니다. 거북에게는 구르는 재주가 있었기 때문입니다. 토끼는 뒷다리가 길기 때문에 높은 곳에서 낮은 곳으로 내려올 때는 절대로 빨리 달리지 못합니다. 평지나 오르막길에서는 잘 달릴 수 있지만 내려오는 것은 쉽지 않습니다.

이번에는 분명 거북도 이기기 위한 승부를 걸었습니다. 그런데 중요한 것은 자기가 남들보다 정말로 잘하는 종목에 승부를 걸었다는 점입니다. 다시 말해 누가 시키지 않아도 자기가 신이 나서 할 수 있는 일에 승부를 건 것입니다. 그렇기 때문에 남들보다 결과가 좋은 것은 당연한 일입니다.

이처럼 목표가 있느냐 없느냐도 중요하지만 그것이 자신의 재능과 부합해야 하는 것은 더욱더 중요합니다.

비전서를 작성하라

인생의 설계도를 위한 비전서를 작성하십시오. 비전서란 앞으로 성취하고자 하는 것, 앞으로 되고자 하는 것을 명확히 하는 것을 말합니다.

알고 있을지도 모르지만 현재 사회에서 직장생활을 하는 사람들 중의 10퍼센트는 정말로 진정한 프로입니다. 그들은 일에 미쳐 그 일이 너무 좋아서 즐기며 일합니다. 그것은 그들의 재능에 부합된 일이기 때문입니다. 그들은 하루를 억지로 보내지 않고 그야말로 알차게 보냅니다. 이렇듯 자기 재능과 부합된 꿈을 가져야 비전이 있습니다.

비전이 없는 사람은 미래가 그저 그렇습니다. 반면에 비전이 있는 사람은 더 높은 곳을 추구합니다. 비전은 단순한 꿈이 아니라 명확한 영상, 즉 그림을 말합니다. 생각만 해도 신이 나고 마음이 흥분되고 설레야 하는 것입니다. 한마디로, 자신의 미래에 대해 생각만 해도 가슴이 뛰어야 합니다.

높은 곳을 추구하십시오. 목표를 정하면 그 다음부터는 주저 없이 달려나가게 됩니다. 갈 곳이 명확한 사람은 게임이나 엉뚱한 일에 시간을 허비하지 않습니다. 장기적인 목표가 있으면 눈빛이 살아 있다 못해 눈에서 불꽃이 솟아오를 것처럼 열정이 뜨겁습니다.

때로는 자신감을 잃을 수도 있습니다. 그러나 자기사명감이 있는 사람은 자기사명서를 읽으면서 또 다시 힘을 얻고 새롭게 자신감을 다질 수 있습니다.

도전하라

꿈이 없으면 죽은 것이나 마찬가지입니다.

어떤 일에서든 첫 술에 배부를 수는 없습니다. 도전을 했다는 것 그 자체가 중요합니다. 100번을 도전해보고 100번을 넘어져보십시오. 그러면 분명 꿈을 이룰 수 있을 것입니다. 100번의 실패를 각오한다면 1번의 실패는 그저 단순한 실패가 아닙니다. 이제 99번의 실패만 남은 셈입니다. 절대로 포기하지 마십시오.

넘어지고 아플지라도 상처가 아물면서 여러분은 점점 강해질 것이며, 꿈 또한 점점 구체화될 것입니다. 도전하지 않으면 늘 주저하게 되며 수많은 기회들을 놓치게 됩니다. 아니 기회가 왔는지조차도 모르고 흘려보내게 됩니다. 일단 저질러보십시오. 그러면 저지르지 않을 때에는 도저히 생기지 않았을 여러 가지 좋은 일들이 일어나게 되며, 마치 마법과 같이 놀라운 일들이 일어납니다. 다음과 같은 말을 꼭 기억하시기 바랍니다.

"내 꿈을 발견하는 유일한 방법은 도전! 도전! 도전! 하는 것이다. 그것은 부모님도 선생님도 친구도 아닌 오직 나 자신만이 할 수 있는 일이다."

꿈은 구체적이고 명확하게 기록하라

꿈을 머리로만 생각하지 마십시오. 끊임없이 기록하고 수정하고 도전해야 합니다. 꿈은 구체적이고 명확하게 나타나야 합니다.

미국 어느 지역의 인구통계에 관한 조사결과에 따르면, 인구의 3퍼센트가 성공한 사람이었다고 합니다. 10퍼센트는 비교적 여유 있게 살아가고, 60퍼센트는 겨우 생계를 유지했고, 27퍼센트는 다른 사람의 도움을 받아야 살 수 있었습니다.

3퍼센트의 사람들은 목표가 뚜렷할 뿐 아니라 자신의 목표를 글로 적어 지니고 있었다고 합니다. 10퍼센트의 사람들은 목표는 어느 정도 뚜렷했지만 글로 적지는 않았습니다. 60퍼센트의 사람들은 목표도 없었고 글도 없었습니다.

60퍼센트와 10퍼센트는 재산 차이가 약 2배, 소득은 3배, 사회적인 영향력도 3배의 차이가 있었다고 합니다. 그리고 3퍼센트와 10퍼센트는 재산 10배, 소득 20배, 사회적인 영향력은 30배나 차이가 있었다고 합니다.

저는 《성공하는 10대들의 7가지 습관》의 저자인 숀 코비가 한 이 말을 아주 좋아합니다.

"자신의 꿈(비전)을 글로 적으면 마법과 같은 일이 일어난다."

아주 특별한 '그대'

세상에 하찮게 태어난 사람은 단 한 명도 없습니다. 여러분은 모두 소중하고 특별한 존재입니다. 여러분과 똑같은 사람은 과거에도 지금도 앞으로도 영원히 없을 것입니다.

여러분의 재능을 찾아 그 재능과 부합된 미래를 그려나가십시오. 절대 포기하지 말고 생각만 해도 가슴 설레고 짜릿한 비전을 세우십시오.

언젠가는 저 멀리 화려한 미래가 기다리고 있다는 믿음을 절대 잃지 마십시오. 멋진 야구선수, 사람들에게서 인정받는 사람, 세계 최고의 CEO, 우등생, 휴대전화, 세계 일주, 멋진 뮤지션, 건강 등 여러분의 꿈을 구체적인 비전으로 기록하십시오.

여러분은 특별합니다.

꿈을 향해 전진하십시오.

●● Tip for Leadership

성공하는 사람들의 7가지 습관

습관1. 자신의 삶을 주도하라.
삶의 순간을 선택하는 주인공은 '나'이다.
현재의 모습은 과거에 내가 선택한 결과이다.

습관2. 끝을 생각하며 시작하라.
집을 지으려면 먼저 설계도를 만들어야 한다. 글을 쓰려면 먼저 전체 개요를 잡아야 한다. 인생도 마찬가지다.

습관3. 소중한 것을 먼저 하라.
인생을 사랑한다면 시간을 낭비하지 말라. 인생이란 시간 그 자체이기 때문이다. 시간 관리는 단지 무엇을 더 많이, 더 빨리 하도록 돕는 것이 아니라, 나의 꿈을 이루도록 도와주는 소중한 것을 먼저 하는 것이다.

습관4. 승승을 생각하라.
당신이 항상 누군가를 이겨야만 한다고 생각한다면 당신은 항상 불안할 것이다. 삶은 항상 경쟁하거나 다른 사람들을 앞서가는 것이 아니다.

습관5. 먼저 이해하고 다음에 이해시켜라.
진실로 이해하려면 '듣는 척하기, 짐작해서 이야기하기' 등을 피하고, 경청하는 것이 필요하다. 태어날 때부터 경청을 잘하는 사람은 없다. 경청은 100% 후천적이다.

습관6. 시너지를 내라.
시너지는 혼자 있을 때보다 같이 일할 때 더 나은 결과를 만들어 가는 모습이다. 나의 방식도 아니고 너의 방식도 아닌 '더 좋은' 방식이다.

습관7. 끊임없이 쇄신하라.
공부하느라 너무 바빠서 운동할 시간이 없나? 혹시, 너무 바빠서 차에 기름을 넣지 않고 바로 운전하는 사람을 본 적이 있는가? 심신단련은 '나'를 위한 시간이다. 자신의 톱날을 갈아라. 자신의 신체, 정신, 마음, 영혼을 쇄신하라.

7가지 습관의 자가진단 테스트

1. 나는 일일계획, 주간계획, 월간계획을 규칙적으로 세운다.
2. 나는 다른 사람을 칭찬한다.
3. 나는 함께 하는 활동에 적극적으로 참여한다.
4. 사람들은 내가 상대의 말을 잘 들어준다고 말한다.
5. 나는 약속을 잘 지킨다.
6. 나는 규칙적으로 운동을 한다.
7. 나는 나에게 중요한 일이 무엇인지 안다.
8. 나는 가장 중요한 것을 먼저 한다.
9. 나는 교과서 이외에 좋은 책을 읽고 있다.
10. 나는 건강에 좋은 음식을 먹는다.
11. 나는 장래에 꼭 이루고 싶은 인생의 목표가 있다.
12. 나는 꿈을 이루기 위해 노력하고 있다.
13. 나는 부모님과 충분히 대화하고 있다.
14. 나는 나의 장점을 알고 있다.
15. 나는 평소에 공부하여, 시험보기 전에 벼락치기하지 않는다.
16. 나는 주어진 시간에 계획한 대로 학습과제를 마친다.
17. 나는 평소에 기록하는 습관을 갖고 있다.
18. 나는 계획을 세우고 실천한다.
19. 나는 실천한 결과를 점검해보는 시간을 규칙적으로 갖는다.
20. 나는 시간을 효과적으로 쓰면 지금보다 훨씬 변화될 것이라고 생각한다.

위의 질문들에 대해 **전혀 그렇지 않다(1점)−그렇지 않다(2점)−보통이다(3점)−그렇다(4점)−매우 그렇다(5점)**로 대답하여 점수를 합산한다.

- 90점 이상 ──── 훌륭하다! 거의 완벽에 가깝다!
- 80~90점 ──── 잘 하고 있다!
- 70~80점 ──── 나쁘지 않다. 하지만 개선의 여지가 있다.
- 70점 미만 ──── 노력이 필요하다!

성공의 비결은 변하지 않는 목적에 있습니다.
하나의 목표를 가지고 꾸준히 나아가면
반드시 성공을 이룰 수 있습니다.
사람들이 대부분 성공하지 못하는 것은
처음부터 끝까지 한길로 가지 않았기 때문입니다.
최선을 다해서 한길로 나아가면 장애를 뚫고 나아가
만물을 굴복시킬 수 있습니다.

– 벤자민 디즈레일리Benjamin Disraeli –

| 기본을 지켜 바르게 살려는 사람들의 모임, 태평로 |

'태평로'는 '원칙이 지켜지는 사회'를 위해 스스로를 먼저 돌아보고, 미래 우리 사회의 리더들이 활동할 바른 토양을 다지기 위해 국내 지도층 인사들이 만든 모임입니다.

- **공동대표**: 강석진 (CEO 컨설팅 그룹 회장, 전 GE KOREA 회장)
  문용린 (서울대학교 교수, 전 교육부 장관)

강석진 CEO컨설팅그룹회장
강지원 변호사, 전 청소년보호위원회위원장
강학중 가정경영연구소 소장
권영빈 중앙일보 부사장
권용태 전국문화원협의회장
권혁승 한국일보 상임고문
김경섭 한국리더십센터 대표
김대곤 한경아카데미 원장
김수지 이화여자대학교 교수
김옥조 이화여자대학교 교수
김우중 동작구청장
김정욱 서울대학교 환경대학원장
　　　 우리금융그룹 부회장
김혜경 도서출판 푸른숲 대표
김혜경 KBS PD
문용린 서울대학교 교수, 전 교육부 장관
박수택 SBS 보도국 기자
박은주 김영사 대표
박종규 규제개혁위원장
박찬숙 국회의원
박철원 ㈜에스텍시스템 대표이사
서두칠 이에스스틸대표
서진규 작가, 미 육군 예비역 소령
손광운 변호사녹색연합환경소송센터 이사장

손봉호 서울대학교 사범대학교 교수
송　복 연세대학교 사회학과 교수
송희연 인천대학교 동북아국제통상대학 학장
　　　 아시아개발연구원장
신봉승 대한민국 예술원 회원
심갑보 삼익LMS㈜ 대표이사 부회장
심재덕 국회의원
오연석 THE 벤처캐피탈 주식회사 대표이사
오연호 ㈜오마이뉴스 대표이사
윤병철 한국FP협회장, 전우리금융회장
이경숙 숙명여자대학교 총장
이계식 제주도 정무 부지사
이광형 KAIST 교수
이승우 한국건설기술연구원 원장
이시형 삼성 사회정신건강연구소장
이태동 서강대학교 교수
이희수 한양대학교 문화인류학과 교수
임정희 밝은청소년지원센터대표
장만기 사단법인 인간개발연구원 회장
정근원 미래영상연구소 소장
정성진 부패방지위원회, 위원장
차범근 MBC해설위원, 전 축구국가팀 대표감독
하옥현 경찰청외사국장
황일청 에스카이아문화재단 이사장

태평로 모임은

1. 지금 우리 사회가 처해 있는 총체적인 문제의 인식과 그 고민에서 출발합니다. 무엇보다도 사회가 제자리를 찾고 맑아지기 위해서는 지도층부터 먼저 바뀌어야 한다는, 작지만 확고한 신념을 가진 사람들이 모였습니다. 지도자 한 사람의 의식이 바뀌고, 바람직한 방향을 잡아준다면 조직 전체가 바뀔 수 있다는 생각을 우리는 하기 때문입니다.
2. 도덕성이 살아있는 사람, 정직한 사람, 봉사하는 사람, 공과 사를 구분할 줄 아는 사람, 환경을 먼저 생각하는 사람들이 우리 사회를 이끌어주어야 합니다. 그래서 우리의 지도자가 맑고 바른 길을 갈 수 있도록 도와주고, 격려하고, 지켜주는 일을 우리는 하려 합니다. 숨어서 말없이 본분을 다하는 훌륭한 지도자를 찾아내어 함께하는 사업이 여기에 해당됩니다.
3. 지도자가 사회 전체에 뿌리내리기 위해서는 21세기를 이끌고 갈 젊은 지도자를 참되게 키우는 것이 중요합니다. 이를 위해 미래의 한국 지도자가 될 각계각층의 젊은 인재들을 바르게 이끌기 위한 여러 가지 교육 프로그램도 기획하고 그들을 지키는 일을 하려 합니다.

실천 다짐

그래서 우리부터 먼저 실천하자는 다짐을 하려 합니다. 여러 가지 중에서도 다음 몇 가지는 꼭 지키자고 다짐했습니다.

첫째, 탈세하지 않으려고 합니다.
둘째, 뇌물을 주고받지 않으려고 합니다.
셋째, 공사公私 구분을 철저히 하려고 합니다.
넷째, 어떤 이유로든 사람 차별을 하지 않으려 합니다.
다섯째, 건강한 가정을 가꾸는 데 게을리 하지 않으려 합니다.
여섯째, 환경을 생각하고 지키는 사람들이 되려 합니다.
일곱째, 봉사활동을 생활화하려고 합니다.

한국리더십센터 Korea Leadership Center

한국리더십센터는 원칙중심의 리더십을 전파하여 개인과 기업의 성공을 돕기 위해 1994년 10월 1일에 출범한 기업교육 전문기관이며 미국 프랭클린 코비사 FranklinCovey Co.의 한국 파트너입니다. 전임교수진들과 직원이 함께 '성공하는 리더들의 7가지 습관' '성공하는 리더들의 4가지 역할' '프로젝트 매니지먼트' 등 세계적으로 인정받은 교육 프로그램을 운영하고 있습니다.

지금까지 11년 동안 한국리더십센터의 교육 프로그램은 이미 국내외 120,000여 명의 인원이 참석했으며, 최소 두 달 이상 참가를 희망하는 분들이 대기할 정도로 인기를 얻고 있습니다.

삼성, GS, 현대, SK, 포스코, 유한킴벌리, KT, KTF 등 대기업은 물론 IBM, City Bank, HP, 3M, 리츠칼튼호텔, 코카콜라, 오라클, 맥도날드, 모토로라, 듀폰 등 다국적 기업과 삼보, 로커스, 오라클 등 IT업체들이 사내(라이센스) 과정으로 워크숍을 진행하였습니다. 또한 중앙일보사, SBS, 한국경제신문사, 한겨레신문사 등 언론사는 물론 대덕대, 대전보건대, 서울대, 숙명여대, 카이스트KAIST, 탐라대, 포항공대, 한국사이버대, 한라대 등의 대학교와 '아름다운 가게/재단' '참여연대' '녹색연합' '총선시민연대' 를 비롯 여러 시민단체 리더들의 리더십 향상 교육 과정으로 운영되었고, 많은 중소기업과 벤처기업들이 조직문화 혁신과 생산성 향상을 위한 교육과정으로 도입하고 있습니다.

한국리더십센터는 국민 개개인과 조직은 물론 사회 전체가 과거의 관행과 폐단에서 벗어나 원칙principles 중심의 리더십을 발휘하여 더욱 행복하고 건강해지도록 노력하고 있습니다. 가르치는 것을 실천하여 스스로 성공함으로써 고객의 성공을 돕는 기업으로 성장하겠습니다.

한국리더십센터 홈페이지 www.eklc.co.kr

| 주니어 리더십 페스티벌 Junior Leadership Festival |

　2002년의 월드컵 세대가 미래사회의 주역으로 등장하는 2020년. 이 시기는 세계적 경제 질서가 재편되는 시기이기도 합니다. 이때의 미래 한국을 이끌고 갈 리더는 누구입니까? 입시지옥에 시달리고 있는 지금의 10대들입니다. 그들에게 꿈이 무엇이냐고 물으면 그저 고개만 숙입니다.

　급변하고 복잡해지는 지구촌에서 우리 청소년들이 지혜롭고 성공적인 삶을 살 수 있도록 어떻게 방향을 제시해줘야 할까요? 또한 개개인의 성공적인 삶뿐만 아니라 '글로벌 리더'로서 역량과 성품을 키워가기 위해서는 어떻게 해야 할까요? 우리의 청소년들이 21세기 지구촌의 '리더'로 성장하는 데 무엇이 필요할까요?

　바로 이런 물음에 대해 고민하고, 도움을 주고자 기본을 지켜 바르게 살려는 사람들의 모임인 태평로 모임과 원칙중심의 리더십으로 개인과 조직의 성공을 돕는 한국리더십센터는 〈주니어 리더십 페스티벌〉을 기획했습니다.

　〈주니어 리더십 페스티벌〉은 자신의 앞날에 대한 비전과 꿈을 만들지 못하고 있는 청소년들이 꿈을 만들어가고, 셀프리더십을 배양하여 스스로 주인된 삶을 살아가기 위한 계기를 만날 수 있도록 다양한 프로그램으로 매년 운영되고 있습니다. 2003년 제1회를 시작으로 매년 진행되며 참여를 원하는 사람은 누구나 신청을 할 수 있도록 하고 있습니다.

　우리 청소년들이 자신의 꿈을 펼치며 성공적인 인생을 살 수 있도록 돕겠다는 사명과 함께 매년 〈주니어 리더십 페스티벌〉은 지속적으로 개최될 것입니다.

주니어 리더십 페스티벌 홈페이지　www.eklc.co.kr/1318

| 도움을 받을 수 있는 곳 |

■ 종합 상담

한국청소년상담원 http://www.kyci.or.kr 02)730-2000

한국아동청소년상담실 http://www.qworld.or.kr 054)530-6618

청소년세계 http://www.youth.co.kr

동그라미사이버청소년상담실 http://counsel4u.dreamwiz.com

한국 청소년 쉼터 협의회 http://www.jikimi.or.kr 02)557-9082

■ 지역별 상담실 안내

강원도청소년종합상담실 http://www.gycc.org 033)256-2000

경기도청소년종합상담실 http://www.hi1318.or.kr 031)237-1318

경상남도창원시청소년종합상담실 http://www.specialfriend.or.kr 055)273-2000

경상북도청소년종합상담실 http://www.we7942.or.kr 0502-859-2000

광주광역시청소년종합상담실 http://www.kycc.or.kr 062)232-2000

대구광역시청소년종합상담실 http://www.teenhelper.org 053)635-2000

대전광역시청소년종합상담실 http://dycc.or.kr 042)257-2000

부산광역시청소년종합상담센터 http://www.cando.or.kr 051)804-5001

서울특별시청소년종합상담실 http://www.teen1318.or.kr
02)2285-1318
울산광역시청소년종합상담센터 http://www.counteen.or.kr
052)227-2000
인천광역시청소년종합상담실 http://www.inyouth.or.kr
032)891-2000
전라남도청소년종합상담실 http://gominssak.or.kr 061)724-2000
전라북도청소년종합상담실 http://www.youthjb.or.kr 063)275-2000
제주도청소년종합상담실 http://www.doum1004.or.kr 064)746-7179
충청남도청소년종합상담실 http://www.nettore.or.kr 041)554-2000
충청북도청소년종합상담실 http://www.cyber1004.or.kr
043)258-2000

■ 직업 및 아르바이트 상담

워크넷 http://www.work.go.kr
하자센터 http://www.haja.or.kr
청소년아르바이트센터 http://www.youthalba.or.kr 02)578-4104

■ 청소년을 위한 리더십 상담

한국리더십센터 http://www.eklc.co.kr

■ 학원폭력 및 성 상담

자녀안심하고학교보내기운동 http://www.1318love.com
02)3453-5227

청소년폭력예방재단 http://www.jikim.net 02)585-9128

청소년을위한내일여성센터 http://www.tacteen.net 02)3141-6191

아하!청소년성문화센터 http://211.111.176.39/aha

한국성폭력상담소 http://www.sisters.or.kr 02)338-5801

■ 청소년 긴급전화번호

가출상담 1588-0924

청소년긴급전화 1388

집단따돌림 신고 1588-7179

아동학대긴급전화 1391

■ 문화 관련 단체

품청소년문화공동체 http://www.pumdongi.org

청소년문화센터 http://www.ycc.ne.kr